ピュドロさん、美食批評家はいったい何の役に立つんですか？

ジル・ピュドロフスキ
関修――訳

新泉社

Originally published in France as:
À quoi sert vraiment un critique gastronomique ?
by Gilles PUDLOWSKI

ARMAND COLIN is a trademark of DUNOD Éditeur -
11, rue Paul Bert - 92240 MALAKOFF
This book is published in Japan by arrangement with Dunod Éditeur S.A.,
through le Bureau des Copyrights Français, Tokyo.

人類の幸福にとっては、
星よりも新しい料理一皿の発見の方が有益である。
——ブリヤ＝サヴァラン

わが師クリスチャン・ミヨと、
わが後見人アンリ・ヴィアールに捧げる

ピュドロさん、美食批評家はいったい何の役に立つんですか？

目次

訳出について

・レストラン名等はゴシック体で表示しました。
・原書にはない料理店の所在地を適宜補足しました。
・一部の食材・調理法、人物の生没年を括弧に入れて補足しました。
・補足が長くなる場合は傍注に示しました。
・なお著者名は日本でピュドロウスキと表記されるのが一般的ですが、著者の意向で「F」の音を入れ、ピュドロフスキと表記しました。

ピュドロさん、
美食批評家はいったい
何の役に立つんですか？

1 常軌を逸した者の仕事

私はまともな人間である。もちろん、のっけからこのような自明の理を口の端に上らせるなら、この真理の裏には何か秘密が隠されているに違いないとあなたは呟くことだろう。実を言うと、それは秘密などではなく、一種の状況なのである。そして、私はその明白な証人に過ぎないことを望む。私は普通の人間だ。がしかし、絶えず、奇妙で突飛な、度を外れ極端でさえある状況を生きているのである。

私はあなたのために食べる。あなたが余暇のためになすことを、私は自らの仕事として遂行する。さまざまな情感、口に入れるものの歴史、『パンタグリュエル物語』に出てきそうな豪勢な食事、仲間との会食について、私はあなたに語る。私はあなたお気に入り週刊誌の最後の数頁に登場するあの男である。現実があなたにあくびを催させる時、あなたを楽しませる責を負わされた者である。私はあなたの上首尾に終わった、あるいは失望に終わってしまった余暇の責任者、あなたの愉快な会食、予想外の出費、グルメに関する感動の責任者である。

毎週、週刊誌『ル・ポワン』で、偉大なシェフのポートレイト、「今週の美味しい店」[*1]のヒットパレード（それは「評価」と呼ばれている）を私はあなたに提供している。これらの店はおおかたパリに関するもので、好調な店、これからの店、さらには停滞している店がある。そして料理について、私はあなたに詳細に述べる。そして、その成り立ち、味覚または健康上の関心、有益な諸特性、より的確な旬、最後にそのレシピまで、あなたに明らかにしてみせるのである。

私はまた、あなたが羨むビストロ、昨今の感じの良い店、食の見事な職人、さらには失敗しないグルメ本についてはなおざりにして来た。正確を期せば、これらはすべて、またまた同じ『ル・ポワン』誌の「全国版」でのことである。この雑誌のため、私は週に二度、地方へ旅す

＊1　著者が編集しているレストランガイド『ピュドロ・パリ』では、料理店を、高級店（les grandes tables）、美味しい店とその他（les bonnes tables et autres）、外国料理店（les tables d'ailleurs）に三区分している。

る。編集部と営業部が選んだ街のグルメコラムを書くために。雑誌の巻頭に、新聞の第一面に、少なくとも特別号の第一面に、自分の名が掲載される時、真摯であることが肝心である。あなたを失望させないように。

私は冒頭でこう言った。私はあなたの余暇の保証人、あなたの楽しみ（もちろん、グルメに関する）の立会人、時代の流行の観察者、良く生き、良く食べることの守護者である、と。すでに二十年以上にわたり『アルザス最新ニュース（DNA）』紙で、私の生まれた街メスの『ロレーヌ共和主義者』紙ではおよそ十八年、私は毎週のグルメ欄を堅持している。さらには、『サヴール』誌ではあなたのために、『グルメ料理人』誌などなどでも、私は目を光らせている。

その上、インターネットの達人であるわが息子ミシェルに後押しされ、私はウェブの世界にも飛び込んだ。「皿の上の料理の中の脚」という題名のブログで。そして毎日、印象に残ったこと、感じたこと、そぞろ歩きや遠出の際の出来事を呟くのだ。私は良き明日、さらに明後日であろうことをあなたのために嗅ぎ分ける。私は良き＝美味しいもの、正しきもの、突飛なものを追い求める。小型の、おまけに羽のように軽い写真機を携えて。自らが目にし、感じ、食するものを、私は端的に語るのである。

それは常軌を逸した者の仕事なのか。疑いもなく、確かに。では、無益な仕事、不毛な生活の糧、誰も耳を貸さない飢えとは縁のない無駄話だろうか。もちろん、否である。記事が掲載されたあれやこれやの店で失望して深く傷ついた読者がいる。彼らは激昂して、『ル・ポワン』や『ＤＮＡ』に投書してくる。これもまた息子のミシェルが開設してくれた私の公式サイトに、「お気に入り」を「送付してくる」フェイスブック上のファンもいる。さまざまな展示会、気ままな旅の途中、本の見本市のずらっと並んだブースで偶然出会った情熱的で誠実な読者たちがいる。こうした見本市は、地方の書店と図って、誰彼かまわず、最新の自著を勧めるものである。

ところで今宵、私は高速鉄道ＴＧＶ東線の車中にいる。コルマールからパリへ戻るところなのだ。彼の地で、晴れやかかつ幸せそうなファン、素直な美食家、誠実な読者たちに遭遇した。が、彼らは一様に、より多くを知りたがるのだ。私を託宣者と疑わず、ミシュランより贔屓にして下さる御婦人。その狡猾さで私が失望させることなど決してないと断言して下さる紳士。彼は私の言質の行間を読むことができると確信し、ここは控え目な賛辞、そこは辛辣な批判、また別のある箇所は偽りの承服などと解釈する能力があるというのだ。

幸せ者のコルマール市民たち。そう、彼らはかつての私の幻滅を思い改めさせてくれる。私は思い出す。二十年近く前、この地の裁判所に出廷したことを。というのも、当地の有名で由緒ある店について、私がこう書いたからだ。「その料理が堪能され、高く評価されるシェフのことを、この街で人々は夢見ているに過ぎない」と。その店の料理がとりたてて美味しくもなければ、生彩を欠き、凡庸、味が決まっておらず、バランスがとれていないと書いたことで、訴えられたのだ。しかし、それも今となっては懐かしい、昔話である。

これは本当のことだが、その訴訟、私は全面勝訴したのだった。私の担当弁護士で実兄のフランシスに感謝する。彼は明晰かつ厳正、見事な手腕を発揮してくれた。また、貴重な証人の大役を引き受けて下さったわが師、クリスチャン・ミヨに心より御礼申し上げる。彼はマニュアルや通行手形のごときものを授ける代わりに、彼の身に降りかかった数多くの訴訟について詳しく話してくれた。とりわけ、ロンドンに本店のある名店**ミスター・チョウ**の北京ダックをニスを塗られた家鴨と酷評したため、十万ドルの損害賠償請求裁判を再度起こされた時、真っ向から対抗するその訴訟を、ミヨは私にまかせてくれたのだ。

しかし、それらはまさしく過ぎ去ったことである。もちろん、あとで再び触れることもあるだろう。それでも、二十一世紀が十年以上経過した今、もっと簡潔な仕事という一つのポリシーのもとに私たちはいる。より新鮮、自然で、「ビオ」(有機)な食材。トロワグロ、ボキューズ、ゲラール、サンドランス、あるいはより近い世代ではロビュション、デュカス、ロワゾー、パッサールのかつての申し子たちがひとかどの料理人となり、しかも彼らのもとで働いていた若いシェフたちが時代を担っている。また、コンスタン、カンドボルド、マラー通りにある**ラ**

ミ・ジャンのステファン・ジェゴと自らの流儀をそれぞれ形成した「ビストロ・ガストロ[*2]」三博士が、もっと気軽にフランス料理を楽しめる生活を私たちに取り戻してくれる。

美食批評というこの常軌を逸した者のなせる業。それは明らかに、一九八〇年代よりも二〇一〇年代の今のほうがその職務を全うすることができるだろう。八〇年代、こうした身分はいまだ伝道の途上にあった。また当時、まだ端緒に着いたばかりの「ヌーヴェル・キュイジーヌ」、すなわち短時間の火通し、素材から出たうまみ成分を煮詰めて用いる手法、軽いソース、とれたての野菜、原形をとどめた魚料理、各地方それぞれの銘柄鶏の使用、一言で言えば、「市場《いちば》の料理[*3]」は、試行錯誤の段階に過ぎなかったのだ。それが今や肝心なのは、伝統に激しく逆らうのではなく、より繊細＝緻密であること。ヒエラルキーを正しく機能させ、誰が最良であるか、星が一つ、二つ、三つ、あるいは無しにふさわしいのかを述べることであり、どこかの誰かのように、「ろくでもない」などと声を荒らげることではない。

美食批評というこの生業は変貌してしまった。行儀よいものになってしまったのだ。確かにしばしば、職に就くのに不向きな者たちの最終手段でしかない場合もあったが（この件につい

＊2　高級店レヴェルの料理をビストロ感覚で提供する店。ビストロノミとも言う。
＊3　ボキューズが著書名に用いたヌーヴェル・キュイジーヌのモットー。

ては、また述べることになろう。プラド、クルティーヌ、モルレーヌ、モンテニャックといった人物の運命を思い起こさずにはいられまい）。美食批評（critique gastronomique）、この呼び名は今日、批評＝批判（critique）という啓蒙以降の近代民主主義的な高尚なる語意と、美食（gastronome）というやはり旧態依然とした特権階級的語意とを共に包括するものである。それでも、何の恥じらいも感じることなく、そのような相反する二重形容を名乗るのはどこか妙な趣があるに違いない。

この業界に入りたての若かりし頃、この仕事に胸を張る風潮などほとんど存在していなかった。誉れ高きわが先達、クリスティアン・ミヨとアンリ・ゴーが、間違いなくその水準を向上させたのである。彼らの指針に従えば、ボキューズ、トロワグロらの師で、**ラ・ピラミッド**のオーナーシェフを「魅力的なフェルナン（・ポワン）」、コート・ダジュールにある一九三八年創業の**ラ・メール・ジェルメーヌ**の名物女主人を「人の良いジェルメーヌ」などと、賛美を述べる必要などもはやない。肝要なのは、それぞれのソース、一皿ごとの料理を厳格に評価すること。度が過ぎた焼き焦がし、粗隠しのためのソース、火を入れ方が強過ぎる料理、質の悪い食材といったものを告発することである。要するに、もはや片手間に内輪の称賛者を演ずるのではなく、ゴーとミヨが開拓した専門職における怪傑ゾロのような人物になることである。そこで、それにふさわしく両人のもとで、私はデヴューを飾ることになったのだった。

2 ある天職の創生

「どのようにして、あなたは美食批評家になられたのですか」

そう、どうして私はなれたのだろう……。それ専用の学校がある訳でもなく、特別な組織や義務付けられた進路もない。あるのはただ、そう切望することのみ。ちょっとした過去への一瞥で、すべては理解されるだろう。まず、美味しいものに目のなかった父の指導のもと、味覚の修業期間が始まった。

当時、一九五〇年代、私の生まれたメスで、美味しいものを出す店と言えば、コエトロケ通りの**ラ・マルヌ**、駅前広場にある**ル・グローブ**だった。そう、**ル・グローブ**の真正面に位置する駅の構内レストランも忘れる訳にはいかない。昔ながらの美味しいスープ、手の込んだポタージュ、絶妙な味わいのテリーヌ、にんにくの効いたソースの蛙、パセリバターのエスカルゴ、皮がカリカリの若鶏のロースト。これらの味こそ、プルースト風に言えば、私にとってのマドレーヌなのだった。純真で初々しい、あのかぐわしきアルザス・ロレーヌ地方の小ぶりの黄色いプラム、ミラベルの香りと共に。いや、まだあった。日曜の晩に出た、インゲン豆を添えたニンニク風味の仔牛エスカロップ薄切り肉のポワレ。さらに、アルザス近郊へのパンタグリュエル的美食の散策……。

まず、グロフタールの街の切り立った岩壁に立つ有名なホテル、**メゾン・ド・ロシェ**。その向かいにあるジャンヌの店**ル・シュヴァル・ブラン**での思い出。王妃風ブーシェ[*1]、氷菓ヴァシュラン（リング状に焼いたメレンゲの中央に、アイスクリームとクレーム・シャンティーを飾ったデザート）、ノルウェー風オムレツ（プラリネアイスクリームをメレンゲでコーティングし、ラム酒などでフランベするデザート）。まるで、恋愛の思い出のようだ。クールブイヨン（酢を加えた湯で煮て、パセリを添えた溶かしバターソースで食する）あるいはアーモンドソース（ムニエルにし、アーモンドを入れた焦がしバターソース）でいただいた養殖マスも忘れられない。

さらに十年ほどして、兄と連れだって日曜日にストラスブールに出かけ見つけた、洗練された美味しい店の数々。**ル・クロコディル**、**ラ・メゾン・ルージュ**、そして**ラ・ディリジャンス**。アンチョビとミモザ（ゆで卵のみじん）を添えた、これらの店のホルスタイン風仔牛の薄切りパン粉焼き。[*2] さらに、鳥のレバー、猪、鹿、ヤマウズラのテリーヌや見目麗しきパテを思わず連禱してしまう**ル・グルメ・サン・シケ**。[*3] それにしても、思い出は走馬灯のごとく過ぎ去っていく。

　私の通った大学は、マリー・キュリー大学のあるジュシュでもなければ、パリ新第三大学のあるサンシエ、もちろん、ナンテールでもない。フィリップ・クレ（1927－2004）が文字通り「私の大学」という曲でそう歌ったように。私にとっての学びの場、それはナンシーにある**ル・キャピュサン・グルマン**、リヴェルダンの**レ・ヴァンヌ**、シエルク＝レ＝バンの**ラ・ヴェヌリー**といった名のレストランであった。味覚の修業期間、ゆっくりとした歩みの口蓋訓練、永続するときめきとしてのテーブル上の記念碑の熟練した発見。私はここで、そうした歴史＝物語、私の歴史＝物語を語る。しかし、それは間違いなく一つの例に過ぎない。他のさまざまな歴史＝物語と置き換え可能なものとして。「一軒のレストランを判断するには、その店につい

＊1　鶏の胸肉、トリュフ、マッシュルームの詰め物を入れた一口サイズの円形パイ料理。なお、この王妃はルイ十五世の妃、マリ・レグザンスカ（1703 － 68）と言われる。

＊2　ドイツの美食家、フリードリヒ・フォン・ホルスタイン男爵（1837 － 1909）の名を冠した料理。ドイツ語圏ではホルスタイン風シュニッツェル。

＊3　シュヴァル・ブランで修業したクラインの店。見せかけではないグルメの意。

て無数のことを知らねばならない」。そう、同僚だったパトリス・ド・ニュサックは私に言ったものだ。彼は当時、ゴー＝ミヨを率い、一つの真実へと到達するに至ったのだ。

なるほど私は、比較は道理と考える類いの人間に属するらしい。それは父が私にそうするよう手助けしたからに他ならない。だからもう一度、父のことに戻ろう。父はいろいろな仕事をしていた。しかも、その多くは食の楽しみにまつわることだったのだ。とりわけ、メスでの珈琲焙煎業（**レ・カフェ・ジャヴァ**）、同じメスでイタリア料理店経営（**ル・カプリ**）、ナンシーでの豚肉のハム・ソーセージ卸売業（**エスト＝アンテルサレゾン**）。そこで父は、アンドゥイエット（腸詰）、ソーセージ、テット・ド・ヴォー（仔牛の頭肉）に関しては、食通／健啖家の中で最も妥協を許さない人だったのだ。「ダメだ。でも、おまえは彼らが厚かましくも何を出そうとしたか、これでわかったろう」。そこここで、父は私にそう言った。そう、良いいたずらをするかのように、父が私を連れまわしたあちこちの店で。

父と共に、私は真と偽、善と悪、本物とまがい物とを判別することを覚えた。その方法、それは勘。つまり、直観あるいは生存本能のようなもの。まさしくそれらが、今日の私へと導いてくれたのだ。そう、私はホテル専門学校で勉強した訳でもないし、料理狂に運命づけられた営業時間終了後の夜の授業に出た訳でもない。私自身の学歴と言えば、バカロレア直後少々、文学をかじったものの、結局グランゼコールのパリ政治学院（政治・社会部門）に学び、第三博士課程まで進んだ（口頭試問の後、政治に関する調査研究および学術研究の修了証書が承認された）。また、歴史学の学位ももっている。これらすべてを探したところで、ガストロノミ（美食学）を見出すことなどできはしまい……。

私はそれから、週刊『ヌーヴェル・リテレール』誌の若き記者となった。そこで、暇つぶしの道楽にしか見えない美食批評を揶揄していた。何よりもまず、ジャーナリストのフィリップ・テッソン（1928－）率いる『パリ日刊新聞』に対して。同紙のグルメ記事を手伝っていたのは小説家、シナリオ作家のアンリ・ヴィアール（1921－89）（アンリおじさんと署名していた）。何と、彼は同じグループの『医師日刊新聞』で働いていたのだ。その後、『ヌーヴェル・リテレール』誌の仕事にようやく慣れた頃、同誌はテッソンに買収されてしまったのだ。そして、テッソンは編集をジャーナリストのジャン＝フランソワ・カーン（1938－）に任せた。そこで、私は「雑誌の本」というコーナーの編集責任の他に、新聞のグルメ記者の粗末な遺産まで受け継ぐことになってしまったのだ。こうなったら、自分も「ジルおじさん」と名乗ってやろうかと考えた。しかし、当時、新聞の編集統括デスクだったジャン＝ヴァンサン・リシャールは、私にペンネームを用いないよう勧めた。いく分突飛な理屈を用いて。そう、「もし文学がもはや君に充分な利益をもたらさないとしても、君にはこれからも常にガストロノミがあるではないか」と……。

一九七八年のことだった。まさしく青天の霹靂とでも言おうか。数カ月が経った頃、クリスチャン・ミヨが、作家、ジャズ評論家として高名なアラン・ジェルベ（1943－）の後任者にならないかと電話して来たのだ。ジェルベはすでに『構内食堂』の著者であり、まもなく『青のごとく』や『フォブール・デ・クー・ド・トリック』（『棍棒街』。貧しく痩せた人々の住む街区のあだ名）を発表するところだった。そう、グルメリポーターの仕事を辞めたいと思っていたのだ。ミヨは、私を信用させるため、ある忠告をしてくれた。それは、三十年以上経った今でも私の記憶に留まりつづけ、美食批評家としての通行証として役立っている。そう、「この仕事で、食べること、書くこと、この二つの術を知る者はめったにいない。時に、どちらもない者さえいる。もし貴方がこの両方を行い得るとしたら、きっと成功するだろう」と。

それゆえ、私はミヨの冒険に従ったのだ。手間暇かけて批評し、ともかく現場で学ぶよう心がけた。命とあれば、ニューヨーク、ブルターニュ地方のドーヴィル、ローヌ・アルプ地方のムジェーヴ、ベルギーのエンギエンまで出かけて行った。私はミヨのために食べ、あなたのために食べた。そして、自らの署名記事を書いたのだ。

パリ七区にある三つ星の名店**アルページュ**のオーナーシェフ、アラン・パッサールにはじめて二十点満点中十六点をつけたのも私だし（ミヨが私に従っていたら、本当は十七点のはずだったのだが）、**ジョエル・ロビュション**がロンシャン通り三十二番地に移転した際、三コック帽をつけたのも私である（クリスチャン・ミヨは当時、ロビュションのことがあまりお気に召さなかったらしい。そこできわめて上手に、コック帽だけで評点なしのテクストを書いて、過渡期にあると評価を下したのだ）[*4]……。しかし、私はまた、最初の失望も味わったのだった。

私の「語るにふさわしい＝歴史的」最初の酷評。それは、正確に言えば、『ヌーヴェル・リテレール』誌時代、当時、あの偉大なるジョエル・ロビュションがシェフを務めていたパリ十五区、グルネル河岸通り六十一番地にあるオテル・ニッコー（現在はノボテル）のメインダイニング、**セレブリテ**に対するものだった。このレストランは当時、二度ミシュランで星を獲得し、ホテルの施設ということもあって、年中無休で営業していた。私が**セレブリテ**を訪れたのは、七月十四日のこと。オードブルに（火を入れ過ぎた）フォアグラのリンゴ入りフイユテ（フォアグラ入りアップルパイのような料理）、メインにあまりにしつこいブールブランソース（魚の出汁と白ワインを煮詰め、バターでのばしたソース）仕立てのパサパサの魚のフィレ。しかし、デセールは国家最優秀職人（ＭＯＦ）の称号をもつ若きパティシエ、ミシェル・フサールの手になるワ

＊4　ミシュランが星（正確にはアステリスク）で表すのに対し、『ゴー＝ミヨ』は二十点満点の点数とコック帽（トック）で評価する。二十〜十九点が四コック帽、十八〜十七点が三コック帽、十六〜十五点が二コック帽、十四〜十三点が一コック帽。

ゴンサービスの洗練された菓子の数々（中でも、見目麗しく美味なるフランボワーズのタルト）。しかし、問題はそれ以前に。ワイン選びで、アルザスのポピュラーな作り手ヒューゲルのリースリングはどうかと支配人に尋ねると……。彼はこう、私に答えたのだ。「貴方様のお選びになるがまま、に」と。

これはもちろん、まったくの大惨事などではない。しかし、私の雇い主、ジャン＝フランソワ・カーンの説く高級店の仕業ではなかったのだ。しかも、カーンはこのレストランに毎週、親しい友人のジャーナリスト、メディアでも活躍するジャン＝ピエール・エルカバック（1937－）と昼食をとりに来ていたのだった。それでもやはり、たいへんな幻滅は幻滅でしかない。この状況に、フランスのＪＦＫことカーンは、フェアな態度で、自分の新聞で私がこのレストランを詳しく論じるのを見守る旨、承諾してくれたのだった。

それから半年後、私は再び、**セレブリテ**にやって来た。この店を紹介してくれたアンリ・ヴィアールの案内で。その時の驚愕といったら、永遠に続く類いのものだった。今ほど有名でなかったとはいえ、あのジョエル・ロビュションが、白装束のシェフではなく、黒服のレストランマネージャーとして働いていたのだ。ロビュションのおかげで、そして、他の人々と共に、私は美食批評を体得していくことになる……。

3 誤解される見かけ

「なんて素敵なお仕事をなさっているのでしょう」

快活に、羨望の微笑みを浮かべながら、フランスの高級ブランド協会コミテ・コルベールの会員たちは私にこう言った。彼らとはボーヌの駅ですれ違い、会長夫人ドミニク・エリアール＝デュブルイユが、彼らを私に紹介してくれたのだった。かく言うドミニク夫人もまた、同族会社レミー＝マルタンを率いていらっしゃる。会員たちは夜会に出席するためだけにこの地へやって来たのだ。セカンドバックだけ携えて。だから、私の荷物の重さに驚いていた。というのも、この荷物はクローク、事務所、図書館の役目を同時に務めるほどの代物だったから。

私の四日間（より正確に言えば四日と半日）にわたるブルゴーニュ地方周遊が、ホテル付き三つ星レストランの**ラムロワーズ**のあるシャニー、同じく**ジョルジュ・ブラン**のあるヴォナスへの至福の宿泊を含み、ボーヌのすぐ近くにある**ロステルリー・ド・ルヴェルノワ**、コルトンにある**ル・シャルルマーニュ**にも出かけると説明すると、会員たちはもう、恍惚の表情を浮かべていた。「どれほど、皆が貴方の代わりになりたいと思っていることか」。その言外の意味は、「しかし、それは無理。だって、仕事があるのだから」。ともかくも、彼らに心ひそかに笑われるのを承知の上で、私はこう指摘したのだった。私の仕事にとって重要なのは、さまざまなことに、しかも雄弁さをもって、労苦を惜しまないことです、と。

それらの店で、神業的ジャンボン・ペルシエ（ハムとパセリのテリーヌ、煮こごりのようなもの）、ウフ・アン・ムレット（ポーチドエッグの赤ワインソース、どちらもブルゴーニュ地方の伝統料理）、あるいはエスカルゴの緑色のリゾット、甘やかなニンニク・クリームソース仕立ての蛙（グルヌイユ）を食べるだけではない。決然と私を待ちかまえているレストランを精査しなければならないのだ。仕事は辛い。それでも今朝もまた、朝早く起床する。たとえ、私の専属カメラマン、モーリス・ルージュモンと一緒でも。私たちが床につくのは、とても遅く、あまりにも遅い。

ルージュモンとは、かれこれ三十三年間も仕事を共にしている。それは、『ヌーヴェル・リテレール』誌の時代から。思えば当時も、彼と共に作家たちに会いにフランス中を旅したものだ。ジュラにベルナール・クラヴァル（1923－2010）に会いに。ブルゴーニュへは、サシーにジャック・ラカリエール（1925－2005）、コマランにアンリ・ヴァンスノ（1912－1985）、ヴェズレにジュール・ロワ（1907－2000）に会いに。パリ郊外では、ガティネにアンリ・トロワイヤ（1911－2007）、ウルポワにミシェル・ラゴン（1924－）、サンリスにダニエル・ブーランジェ（1922－2014）に会いに、と。

ルージュモンが写真のことで忙しく働いているのは、現在はロステルリー・ド・ルヴェルノワ内にある一七五〇年創業のビストロ、**ル・ビストロ・デュ・ボール・ド・ロ**の暖炉の前に即席の撮影スタジオを設営するためだけではない。専用プログラムのフォトショップを用いて写真を縮小したり修正し――しかもその写真の中には私の撮ったものもある――手直しした何枚かの写真を私の手元に届けなければならないのだ。

一方、私はすべての記事を書く。まずは『ル・ポワン』誌に。それから私のブログのために。重要なのは地方版グルメマップを作製することであり、これからもそうあり続けるだろう。今回のブルゴーニュへの旅であれば、こじんまりした店**レ・ランパール**、立派な店**ル・シャルルマーニュ**、居心地のよい、講釈好きな、豪華で、流行のレストラン群、たとえばボーヌにある**ル・ビストロ・ド・ロテル**。訪れた店の近くにある別の店での楽しみ、ボーヌにある澤畠樹彦がオーナー料理人の和食店**ビソー**（媚竈）、ル・シャルルマーニュのオーナーシェフ、ローラン・プジョーが経営する**スシカイ**（寿司海）、ロワゾー本人が存命中、**コート・ドール**として一世を風靡した、ソーリューにある現**ル・ルレ・ベルナール・ロワゾー**のセカンド、**ロワゾー・デ・ヴィーニュ**。郷土料理を出すビストロ、**マ・キュイジーヌ**、**コントワール・デ・トントン**。くつろいだカウンターのあるワインバーにして、チーズ店でもある**アラン・エス**。クレーム・ド・カシス（リキュール）商であり、洋からしのメーカーでもある**エドモン・ファロ**、別の名を**マルク・デザルメニアン**。

私はこんな自分の身の上を嘆くだろうか。もちろん、否。「それは世界中で最も素敵な職業」。かつて、フランス2テレビでインタヴューを受けた際、司会のアルジェリア北部カビリア地方出身のジャーナリスト、ラシド・アラブ（1955－）が私に言ったように。でもその時、私は笑いながら、しかし半分真顔でこう反論した。「楽しむことを強いられる仕事ですよ」と。「君の仕事、それを首尾よく行うには、この職業を忌み嫌う必要があるね」。ある日、旧知の同僚アンドレ・クラヴァルがそう、そっと私に告げたものだ。彼とは『ヌーヴェル・リテレール』誌時代からの知己で、現在は『レクスプレス』紙で文芸評論を担当している。

もちろん、クラヴァルが言いたかったのは、適切に評価するには、自身と取り扱う主題との間に適度な距離を置く必要があるということだ。嫌というほど、とことん飲んだり食べたりしてはいけない。また、腹ペコもだめだ。それでいながら、飲食について語る術を知っていること。何よりも、飲食について書くこと。その感情の動きに言葉を与えること。それを生き生きとしたものにし、物語るよう時間を割くこと。

要するに、私が特別好む食事。それは世のすべての家庭の食卓で出されるものではない。偶然、事務所で食べた食事だったり、ホテルやビストロでの食事、飛行機やＴＧＶの折りたたみ式テーブルでいただく食事なのだ。私はまるで、フランス共和国の味覚のセールスマンにでもなったかのようだ。絶えず、ある地方へ、また別の地方へと旅し、その地方の町から町へと渡り歩いて行く。かれこれ三十年もの間。そこで、私は自制することを覚えたのだ。そして、その厳格さを。厳格さを身につけるまでには長きにわたる修業期間が必要だった。だからこそ、それは善行である、わが職業における善行である、と言うことをどうかお許し願いたい。かなり早い時期から自らを律することで、私はすぐに理解することができるようになった。何をすべきで、何をすべきでないか、を。

具体的に挙げてみよう。お願いされたこと、すべてに応えてはいけない。そう、勧められても、アルコール飲料やワインをずっと飲み続けることだけは断ること。水、そして今にわかるだろうが紅茶は生命の源であると知ることで、なるべく水、紅茶、コーヒーだけを飲むようにし、不足しがちな栄養分を摂取すること。この仕事を長く続けたいと思うのなら、利尿効果のある成分、健康に良い成分を選択すること。これが私の宿命なのだ。この「自制の道徳」については、かつて論じたことがある。[*1] そこで、その著作からの引用、少なくとも、当時私が論じたことの本質的な部分だけでもここで再び取り上げることをどうかお許しいただきたい。

飲食する者＝消費者の身を守るのに多少なりとも役立つには、飲食のあり方を問題にすること。しかも、最小限にするように。それゆえ、すべてを味わい、知り、飲もうとしないこと。年をとるにつれ、こう思うようになった。結局のところ、たいして重要でもないムニュ・デギュスタシオン[*2]をたくさん集めるために、かなりの時間を費やし、余分なカロリーを相当摂ってしまった、と。そして、今日、フランス中をあちこちと、より遠くにまで何回も出かけたところで、度が過ぎた旅は私にとって何の役にも立ちはしない、と。

たとえ一度も実現していなくとも、節制の義務を復権させようじゃありませんか。それはまた、いにしえのグルメ評論家たちの流儀や神話に反対すること。しみだらけの胸当てナプキン。肉の代わりに「鳩の卵」を所望したり（親愛なる作家のロベール・サバティエ〔1923－2012〕が今は亡きグルメ評論家アンリ・クロ＝ジューヴ〔1908－1981〕に対してそう述べたのだが）、赤ら顔で妙に陽気な、要するに、サンタクロースのお伴で言うことをきかない子どもをむちで脅すといわれるむち打ち爺《フェタール》さんか、飲んで騒ぐ輩《フェタール》といった風貌の人々。今日の美食批評家は、明らかに異なった顔つきをしている。ただし、顔色の白さ、ありふれた人間の頭脳、つまり、一九七六年公開のクロード・ジディ監督によるフランス映画『翼か腿か』の主人公、レストランガイドの編集者デュシュマン氏と同程度の頭の出来は相変わらずだが。

さらに、『フィガロスコープ』や『ロプティマム』といった雑誌に書いている、アレクサンドル・カンマやエマニュエル・リュバンといった昨今の若手評論家たち。彼らは、栄養と快が遭遇する体験、「食物」(Food)と「感覚」(Feeling)の縮約形「フーディング」(Fooding)を提唱し、賛美している。しかし、彼らは肥満していないだけのただのアラフォーに過ぎない。「ありきたりの」風貌で、顔色はかなり色白、それどころか、青白い。しかも、ほっそりとしている。彼らは本当に食べているのか、思わず怪しんでしまうほどである。確かに、現代風のソースについてグルメ記事を書くのに、若手のようなプロテスタントの牧師、さもなければ、赤ら顔の修道僧といった外見をしている必要などない。しかしまた、いや増す見識をもって食べるのに、いにしえの評論家たちのようにグラスや皿を次々と空にして行く必要もまったくないのである。

＊1 『美食批評はいかにあるべきか、そして、その一線をいかに守るべきか』エディション・デュ・ロシェ、二〇〇四年。

＊2 レストランのお試しメニュー。看板料理(スペシャリテ)を通常より少なめに次々供するスタイルが一般的。

首尾よく行われ、しっかりと見てとり、充分考え、良き体験を積み重ねる。そうした暁に、私の仕事は、正しき味覚の美学、自制の道徳、誤ったグルメ評価なき社会の理想的素描にも似たものになると主張したら、人は私の言うことを信じるだろうか。われわれ美食批評家は、知らず知らずの哲学者、新しくかつ的確な味覚の田園詩人なのである。昔ながらの料理を擁護しようと、乳化技法など熱烈なモダニズム支持であろうと、美食批評たるもの、わずかでも正しく判断し、公正を期し、有効かつ結果を出そうとすれば、見識をもった経験的かつ実践的予言に日々近づくことができるだろう。

4 舞台裏のさらに背後に

とんでもない。今はなきフランス放送協会（ＯＲＴＦ、一九七四年までの呼称）の時代のように、「偉業の舞台裏」を私が語ることはない。ただ、「事がうまく運んでいるか」を理解するために、「客席の背後に」自らを位置付けなければならないのだ。単なる、ありきたりの客、食べに来るだけの客であろうとする訳もなく、さりとて、ガイド本の匿名調査員のようになろうと努力する訳でもない。

この匿名調査員なる者。自らが食べた食事を判断し、評価し、秤にかけ、推し測る。そして、踵を返して立ち去ると——料理をまたチェックしに戻ることを覚悟の上で——急いで評価を執筆する。しかるに、この私ときたら、理解しようと他の人々と議論し、問い尋ねる。すべてを把握しようと、あちこちで同じ質問を繰り返し、行程を再構成し、経歴を語り、道のりを叙述する。要するに、大胆にも、足跡を詳細に分析しつつ、深遠なる歌を詠うのだ。そう、それは称賛と紙一重の場合もあれば、逆に、追悼歌を危険を冒してまでも詠ずることもある。

本章の表題にふさわしい好例。それは、ブルゴーニュ地方シャニー在住のラムロワーズ一族のような、輝かしい過去をもちつつも、不確実かつ不透明な未来が予想される高級店《グラン・メゾン》の変遷について言及する必要が生じた場合だろう。まずは、**ラムロワーズ**の沿革について述べるべきだろう。そう、ピエールからジャン、ジャンからジャック、さらにジャックからエリック・プラスへと一世紀にわたり、いかに移り変わっていったかを語る必要が。また、ボーヌからシャロンへの道すがら、ソーヌ゠エ゠ロワール県のこの目立たない町が名だたる地だとしたら、それは国道六号線、鉄道パリ゠リヨン゠地中海線、サントル運河からさほど遠くないこの町が十五世紀の昔、宿駅だったからである。一九二〇年、ピエール・ラムロワーズは、当時ロテル・ド・コメルスと呼ばれていたこの館を改修し、新装開店させた。そして、一九三五年、ミシュランの一つ星を獲得するに至る。

しかし、ピエールはその直後の一九三七年に急逝し、息子のジャンに代替わりする。ジャンは、シャロンの**ロワイヤル**、さらにパリに出て、**プラザ゠アテネ**、続いて**スクリーブ**で修業を積んでいた。ジャンの得意とした料理は、川カマスのクネル（練り物）、鱒のモンラッシュ風味、ザリガニのアン・ナージュ（香草を効かせたブイヨンで煮たもの、主人ジャン風とも言う）、長女の誕生を祝って創作され、ソースに彼女の名のつけられた若鶏のパテ・ソースジャニクなど。ここで言い忘れてならないのは、一九六〇年、ジャンと妻のシモーヌは現代風のホテルへと改築し、店名を自らの家名ラムロワーズとしたのである。中でも特筆すべきは、格子窓と大梁を有した丸天井のダイニング。ブルゴーニュのワイン倉を再訪したかのような趣がある。

さらに、一九四七年、ジャンとシモーヌを両親にこの館に生まれたジャックの功績には絶大なものがある。彼は子どもの頃、食事をとっていた台所のタイルの床に油をこぼしてしまった時など、いたずら心を発揮して、家のペンキ塗り用の梯子にそれを塗りつけておいたりするやんちゃ坊主だった。しかし、いったん料理竈の前に立つようになると、料理への真摯な思いが込み上げて来たことを付言せずにはいられない。ポンシャルトランのオーベルジュを皮切りに、パリに出ては、マドレーヌ広場にあった**リュキャ・キャルトン**、さらには**ラセール**や**フーケッツ**でも厳しい修業を続けた。また、祖父同様、エスコフィエの流れを汲む、ロンドンの**サヴォイホテル**での修業も忘れることはなかったのである。[*1]

さらに記憶にとどめるべきは、一九七一年、修業を終えたジャックがついに家に戻って来たことである。彼は古典の基礎を忘れることなく、一方で分別をもちつつ革新し、毅然とした態度でしがらみを断ち切ったのだった。また、ジャックはパリでルノートルの下、パティシエ見習いも怠らなかった。そこで菓子作り＝デセールというジャンルでも、強者《つわもの》であることを示したのだ。伝統と革新。良質な地元の食材と遠い地からの新鮮かつ最良の食材。これらの絶妙なバランスをとることで、一九七四年には二つ星、そしてついに一九七九年、ランス在住の親しい同僚ジェラール・ボワイエと共に、三つ星を獲得したのである。

ただし、このような成功は彼一人の功績ではなく、妻ニコルの働きが大であったことを忘れてはならない。美しい青い眼をした、微笑みを絶やさない彼女との、まさに二人三脚の賜物なのだ。この善なる妖精ニコルは、ホテルのベッドメイク係からレストランのサーヴィス係まで総勢五十名ほどの従業員全員に気を配り、フランス風天井、時代物の家具調度、大理石の浴室を配した昔風の客室をより美しく改装したのだった。

しかしながら、その後の経緯もなおざりにする訳にはいかない。星を失いながらも、すぐさまそれを再び見出し、ついには、その三つ星という本来の住処を取り戻したことを。それは、婚姻関係で甥となったフレデリック・ラミとジャックの料理の後継者、国家最優秀職人（ＭＯＦ）の称号をもつエリック・プラスによるものであった。プラスはロアンヌ出身。トロワグロ、ガニェール、マルコンの下で研鑽を積んだ。タフで勇気があり、知恵者、熟練の技の持ち主でもある。こうして、一新された料理スタッフと、多くの者が三十年以上勤務し、気配りのきくレストランおよびホテルのサーヴィス係それぞれの見事な仕事が相俟って、ラムロワーズ一族の歴史は続いていく。意地悪な指摘をすれば、この最高級レストランは抜け目なく、ビストロを附設したのだ。創業に貢献した二人の父に敬意を表した**ピエール・エ・ジャン**という名の店を。

しかし、特筆すべきはエリック・プラスが、ラムロワーズスタイルを永続させようと懸命に仕事していることである。古典の智慧、この地方独自の気質を生かしつつ、そこに厳格な技を反映させる。良質な食材を巧みに選び、欠点のない出来栄えの料理を供する。その上、ソムリエのユベール・ガイヤールが、楽しみにやって来たこの土地の人にも、世界中から訪れる客にも、地元コート・シャロネーズ産の最良のワインを薦めてくれるのである。

ラムロワーズという典型的な美食の館、ブルゴーニュの粋を集めたレストラン、いわばフランスのもてなしの心の象徴的学び舎について、些細な出来事から偉大な業績まで、私がこうしてこだわりつつ物語り、事細かに列挙して来た理由。それは私の役目が、他の場所同様この**ラムロワーズ**に、食べ、飲み、眠り、急ぎの何か簡単な注釈を記事にするため滞在している訳で

＊1　祖父ピエールは**サヴォイホテル**でエスコフィエの下、仕事をしていた時期があった。後にエスコフィエはマネージメントが専門のセザール・リッツと共に同ホテルを辞し、一八九八年、パリに**オテル・リッツ**を創業。近代フランス料理の祖としての全盛時代を築く。

はないからである。それは、理解し、整理し、説明し、感じ取るため。もちろん、より正確に評価し、詳細に分析するには、味わい、批評し、実際に体験しなければならない。

そう、私は食したのだった。フォアグラのシュー・ファルシ（キャベツ包み）。セヴェンヌ産の岩魚は、葡萄の若枝で燻製にされ、大理石状にまとめられ、ナッツ風味の牛乳ムースで上部がコーティングされていた。その上に、アキテーヌ産のキャヴィアを少々。アーティチョークを滑らかなクリーム状にしたものと共に。さらに、エスカルゴ（もちろん、ブルゴーニュ産の）のタルト・フィーヌ、フレッシュハーブのポタジェール（菜園）風も。旬の野菜、マリネしたニンニクをペースト状にしたものが、ハーブ類と共に、上記のどの料理にも用いられ、これから始まる想像を絶する食事の繊細かつ新鮮なアントレの一皿を構成している。*2

さらに、メインディッシュとしてブルゴーニュ産のシャントレルとトリュフ（共にキノコ）を添えたオマールのパルマンティエ（じゃがいもを用いた料理）。シャロル産（原産地統制呼称AOC）牛フィレ肉の茹でたものと焼いたものを「ア・ラ・フィセル」（タコ糸で縛ってコンソメで煮る、縛り煮）風に。牛テール肉をほぐしたものを詰めたカネロニ（パスタの一種）を浮き身に、ポワヴル・ド・カシス（カシスの芽から作られたブルゴーニュ特産のスパイス）入り軽いコンソメで。これらの料理は芸術家の仕事を彷彿とさせるものである。

続いて供される、しっかりとした自己主張をもつデセールの数々も忘れられない。共に供されるヴァリエーションに富んだコーヒー（クリームたっぷりの、シナモン／カシス風味の暖かい無脂肪クリーム入りの、ヘーゼルナッツ入りジャンドゥーヤのカリカリ感を楽しめるもの、など）と合わせても、その存在感は変わることなく、ビロードのような舌触り、味わいが口の中で弾けるのだ。ワインについても、ここで触れておかねば。当世風のリュリィ（**ラムロワーズ**のあるコート・シャロネーズ地区の村名銘柄、ヴァンサン・ドゥルイユ＝ジャンティアルのもの）、フランソワ・ラップの驚嘆すべきジヴリ。そして、悟るのだ。この美しく高貴な館の、味覚に関する、しかも独自の歴史ある道程を見きわめるには、冷静さを失わない術を知らねばならないことを。**ラムロワーズ**はその威光を決して失うことなく、フランス本国での頂点の地位を維持しているのである。

ここまで書いて、読み返し、私はこう思うのだ。このようなことすべて、すなわち美食批評には、厳格さと同時に思いやりの心も必要とされているのだ、と。料理、ワイン、サーヴィス、

＊2　アントレとは入り口＝最初の一皿のこと。通常、オードブルに相当するが、日本のフレンチでおなじみのオードブル・ヴァリエ（盛り合わせ）のようなものではなく、一皿の料理として完成したものので、食事全体の構成を考慮して創作されている。また、アントレの前に、アミューズグル（つき出し）が出ることが多い。

調度など素晴らしきものを継承することは、良識、慎み深さ、判断や眼差しの公正さを排除しなどしない。ここで提示した事柄すべては、能弁で寛大、かつ移ろいやすい一申し出なのだ。そう、誰もに運命づけられている。あなた、私にだけではない。私の意見に従って、たいへん真面目に供されるこの蘊蓄の多い同じ料理の数々を味わおうとして下さる、隣人のような美味しい物好きの旅行者の方々、地元シャニーのグルメの方々にとっても同じことなのだ。

私の役まわりは、歴史家、地理学者、技術者、詩人といった各専門家のそれではない。まさしく、同時にそれらすべてであるような案内人なのである。各分野の断片的知識とそれらを補完し合える能力を兼ね備えていなければならない。つまり、まず、料理をその出自と土地柄に、シェフをその経歴とふさわしい社会的立場に、レストランをその歴史と未来への展望へと置き直す。そして、一連の知見すべてを、美食学《ガストロノミ》という事柄の中心領域へと収斂させることが、私たち美食批評家には求められているのである。

必然的偏愛

5

私はグシュタードにある**グランド・ホテル・パーク**での祝宴を終えたところである。私のいるのはスイス。シェフはイタリア人。集まった人々は国際色豊かで、ワインはフランス産。ディナーの料理構成は以下の通り。

ブルターニュ産オマールのファン・メダイヨン（メダル型に薄くスライスしたもの）、オシェトラキャヴィア（ロシアチョウザメとシップチョウザメの卵）を添えて。フレッシュとソテーしたフォアグラの二重奏《デュオ》、いちじくのチャツネ風コンポートと共に。続いて、完璧なア、ル、デ、ン、テに仕上げられた実に美味なるパッチェリ（太くて大きなマカロニ）。イタリアへの敬意も忘れないように。ちょっぴり唐辛子を効かせたラングスティーヌ（アカザエビ）のラグー（煮込み）とたっぷりのルッコラを添えて。忘れてならないのが、フィーヌ・シャンパーニュ（コニャック）風味のビーフコンソメ「クリスタル」風。消化を助けるとの理由から、小瓶に入れられストローで飲むよう指示された。中でもとりわけ秀逸だったのは、見るからに美味しそうなフランスのシマンタル産仔牛の骨付きあばら肉（コード・ド・ヴォー）の華麗なる一皿。とても柔らかく、理想的なロゼ色に火入れされていた。アルプス越え様式（＝フランス料理風）の見事な野菜のグリエと共に。

共に供されたワインは、最初に述べたように、すべてフランス産だった。白ワインはまず、アルザスのシュランベルジェの作るゲヴュルツトラミネールが、フォアグラにぴったり合う果実味を感じさせた。さらに、ミシェル・レッドの手になるロワールのプイイ・フュメは辛口で生き生きとしていて、パッチェリと合わせると隙のない調和を生み出した。赤ワインはボルドーのオー＝メドック地区にあるシャトー・クレマン・ピション二〇〇〇年が供された。まだ少し、タンニン（渋み）が閉じた感じであったが……。

こうしたことはおそらく、私の近くに座っていた人々を途方に暮れさせたに違いない。彼らはロシア人、デンマーク人、イギリス人、イタリア人からなる勉強熱心なグルメのジャーナリストの集団で、満を持して行楽シーズンの幕開けと共に、この地にやって来たのだった。しかし、これらすべてこそが、まさにスイスそのものではないだろうか。

しかるに、私は隣に座っていた人と共に、エルヴェシアの偉大なワインを弁護した。その人物はフランスとスイスを結ぶ高速鉄道TGVリリアの代表で、ヴァレ州生まれ。パリと地元のシオンやシエールの間をひっきりなしに行き来していた。フランス産以外に今宵供された繊細かつ凝りに凝った料理と合わせて《マリアージュ》悪くないワインとして、珍しい葡萄品種から作られたワインに与えられるシュペツィアリテーテン「特産品」の肩書をもつコルナラン（ヴァレ州土着の赤ブドウ品種）、ユマーニュ（ヴァレ土着の白ブドウ品種）、エルミタージュ（ヴァレ州で作られる白ワインの品種）。ヴォー州のワインでは、デザレ（ラヴォー区域にある名高い葡萄畑。シャスラ種から作られる白が有名だが、希少価値のある赤ワインも珍重される）、エペス（ラヴォー区域の原産地呼称。コクがありしなやかな白ワインで有名）。その他のワインとしては、白であれば、ドイツのラインガウ地域で最良のリースリングを産する村ヨハニスベルク、赤であれば、プティット・シラー種のものが挙げられよう。しかしながら、生粋のスイス人で、この祝宴成功に責任のあるホテルの支配人はおそらく、国際的な「収益＝産物」を守るため、フランスワインを選んだのだろう。

私はといえば、そうした際、取り沙汰されないエルヴェシアの味方をしたくなってしまうのだ。そう、ジュネーヴのワイン、ラヴォーやヴァレの銘酒、しっかり目の赤ワインやシャスラ

＊1　古代にスイスに住んでいたガリア人のこと。現在のスイス西部、ヴァレ州とヴォー州に相当する。

種から作られる白ワインを褒め称え、愛すべき作り手たちを引きたてたくなるのだ。ジェルマニエ、モーリス・ジュフレ、シモン・メ、マリー＝テレーズ・シャパといったヴァレの人々を。彼ら／彼女らは、わがフランスが誇るローヌ渓谷の有名な作り手、シャーヴ、ギガル、シャプティエに引けをとることなく、またレマン湖の対岸ヴォー州に住む作り手たちと共に同じ血の流れるフランスの親類縁者なのである。

このように、絶えず至る所でどれほどか、私は自らの故郷でもない地方の深遠なる歌を歌う羽目になったことか。私の役まわり、私の使命、それは、あらゆる地方の土地柄を擁護すること、その地方の豊かさを銘記すること、星付きレストランのスペシャリテ（看板料理）の後に続いて、地元のお薦めワインを紹介するというミシュランの昔のやり方を自らの責任で再び採用すること、である。

そう、誇り高き旅行者たる者、訪れた土地独自の産物を見つけ出そうと心を砕くはずであり、その好奇心は、自身の文化を補完してくれるであろう新たな世界に直面するよう、他者の発見へと導いてくれるに違いないという原理によって。でないとしたら、どうしてわざわざ電車や飛行機に乗り、重い荷物を持って旅に出るというのか。責任ある美食批評家たること。それはもちろん、他の世界の発見へと立ち至ることに他ならない。

ところで、こうして自らの職を、良きもの、正しきもの、真なるものに仕える一種の使徒のごときものとすると、画一化が優位を占める危惧は、ずっと深刻なままである。そこで長きにわたり、わが師ゴーとミヨは、新しい料理、短い火入れ、軽いソース、煮詰めたジュ（肉汁）、より本物の食材のために闘って来た。同様に、ジャン＝ピエール・コッフ（1938－）も長い間、正しい栄養摂取、健康な生活、本物の食事のために奮闘している。また、わが同僚、ペリコ・レガッス（1959－）は、チーズ作りにおける高温殺菌あるいはパスツール式低温殺菌乳の使用に反対し、生乳から作る改善運動を推進して来た。そう、旧友のジャン＝リュック・プティルノー（1950－）も忘れてはなるまい。何よりもまず、土地柄に優位を取り戻すため、室内に亜鉛製カウンターのあるパリのビストロ、美味しい食べ物を売る店の職人たちへのまなざしを、彼は一貫して持ち続けているのである。

食について批評する者、歴史を紐解く者、序列を立てる者――この件に関しては、次章で再び取り上げるだろう――、すなわち、美食家は、偏愛の持ち主、（良き）味覚の先触れ、美味で味わい深きものの擁護者であるのと同時に、見せかけだけのもの、まがいものを一刀両断にする者でもあるのだ。

序列化の意味

6

私は事が丸く収まるのを邪魔する者である。重箱の隅をつつくように、細心に細心を重ねる。フォアグラ（ガチョウのであれ、鴨のであれ）、サーモン（かなりしばしばパサパサの）、ブランケット（ホワイトソースで煮込んだ料理）の方程式を立てる。ある店をしかるべき場所に置いては置き直すことで、その店の名声を意のままにする。こうしたことすべての術を私は心得ている。そう、私は礼儀正しさの世話役、料理作法の審判者、皆の快の保証人、食に関する楽しみのブランメル[*1]のごとき者なのだ。要は、人がお門違いなことをするのを阻止する者である。

レストランガイドを読む。それは、ある序列を把握し、それぞれの料理や流行の調理法にふさわしい数値化を理解することである。これこれの料理をそれにふさわしい雰囲気で食し、見合った対価を払うことをあなたはお望みだろう。しかし何より、その対価は正鵠を射ているとどうしてわかるのだろう。私はそうしたあなたの欲望に応えるため、ここにいる。

たとえば、ラングドック＝ルーション地方、オード県のフォンジョンクーズにある**オーベルジュ・デュ・ヴュー・ピュイ**は、美味しくもなければ、高級感さえない店であると言いたいのではない。ただ、三つ星に値するかは疑わしいと申し上げているのである。また、パリの**ビガラード**という店が私は大好きだ。シェフのクリストフ・プレの流行りの化学実験風料理の才能はたいしたものである。彼が**ロワイヤル・モンソー**のシェフに就任した際、私はそれを歓迎したのだった。しかし、彼がグルメ界のめまぐるしい星取り合戦にご執心で、毎日しかもその場で変更される料理にこだわりをもっているかと言われれば、大いなる疑問を呈さざるを得ない。実際、才能が溢れんばかりの時もあれば、時にとんでもない失敗をやらかすことも私は知っている。そこで、二つ星にはふさわしくないと、私は自分に言い聞かせるのである。

要するに、ミシュランが提供しているのは、われわれが料理を判断し、数量化するためのメートル原器に他ならない。そう、明晰かつ簡潔で誰にとってもわかりやすい評価の枠組（一

＊1　George Bryan Brummell（1778－1840）は、洒落男ブランメル（Beau Brummel）の異名をもつ当時のイギリス社交界のファッションリーダー。

つ星＝とても良い、二つ星＝秀逸な、三つ星＝別格の）である。たとえ、ミシュランが間違っていようとも、それは幸いなことである。というのも、そうしてわれわれに見直しの口実を与えてくれるから。もっとも、三つ星を「注目に値する」と呼ぶのは、ミシュラン自らが行っているように、ただ表現が下手なだけと言うより、率直に言えば、少々単純過ぎるし、かなり馬鹿げたこととさえ思われる。確かに、ミシュラン自らの流儀での序列化は、あまり明確なものとは言えない。が、そのやり方には一世紀にわたる実績があるのも確かである。批評家たる者、不断に再検討し、どんなものであれ励みにするよう心掛けねばならない。

　ミシュランの序列化《ヒエラルキー》、すなわち、まったく新たな創作料理を尊ぶ流行へのミシュランの昨今の追随（実のところ、常にそういう訳ではないのだが。この件については後に触れることになろう）に対するたゆまぬ批判に関して、わが同志、『マリアンヌ』誌のペリコ・レガッスは卓越している。こう断言してよいだろう。伝統料理の店、フランスへの熱き思いや土地土地の個性を体現している地方の素敵なオーベルジュを擁護する一方、気泡のように今日爆発的人気を博している分子料理というスタイル、真の味覚に取って替わろうとする勢いの化学を告発するのはもっともなことである、と。思えば、クリスチャン・ミヨとアンリ・ゴーはすでに一九七〇年代、「ミシュランの忘れ物」と題したコーナーを『ゴー＝ミヨ』で始めていたのだった。そこから、多くの料理人が、とりわけ、トロワグロ兄弟、ウーティエ、ゲラールが世に知られるようになったのだ。

序列を確立する。つまり、これこれの店を最高峰に据えることは、別の店をその座から降格させることになる。また、端的に「その店よりこの店の方が優れている」、あるいは、「その店は二つ星ではなく、一つ星が妥当」と言う、逆に、一つ星より二つ星がふさわしいと言うこと。それらがまさしく、批評家の役目である。批評家は中立公正でもなければ、まったくの称賛者であってもならない。さもないと、自らの役まわりを広告業者のそれと取り違えるようになるのではないだろうか。クリスチャン・ミヨは次のようなエピソードを記している（『美食愛事典』プロン社）。

ある日、某レストランで食事をした際、年とった、慎み深く感じの良い女性経営者から、こっそり封筒を手渡されたのだ、と。彼女は、わずかな金で彼を買収することができ、事はうまく運ぶであろうと信じ切っていた。ところが、ミヨはその金をそっくりそのまま、自分のテーブルを担当した気のきくウエイトレスにチップとして与えてしまったのだ。もちろん、ウエイトレスは大喜びし、女性経営者はあっけにとられたことは想像に難くない。

他者を判定する。それは、数量化することに他ならない。つまり、採点＝評価すること（ゴー＝ミヨは、一点から二〇点。一から四ないし五コック帽《トック》。ミシュランは、一から三つ星。私『ピュドロ』のやり方は、一から三つの皿[*2]）。こうして、人は容易に元をとる手段を手に入れることになる。

ただし、もめ事なしに、そう事はうまく運ぶものではない。たとえば、前述の名店**コート・ドール**のオーナー・シェフだったベルナール・ロワゾーの自殺の原因。それは、『ゴー＝ミヨ』で帽子が一つ減らされ、二点減点されたことに納得いかなかったからと言われている。しかも、追い撃ちをかけるように、三つ星をも失うのではないかと噂かれはじめた。彼はそうした誹謗中傷に耐えられなくなったのだ、と。そう、ミシュランで近い将来星を失うのではないかという予期不安に押しつぶされてしまったに違いない、と。しかし、実際のところ、そのようなことは起こらなかった。しかも、そのようなデマは、『フィガロ』誌の軽率な同業者、フランソワ・シモンによって吹聴されたのだった。

ベルナールは感受性が強く、重度の抑うつ気質の人物だった。これは本当である。ひとは皆、あの時、ベルナールの置かれた状況を理解できず、結果、彼を救えなかったことを後悔している（われ思う、料理人仲間のみならず、食について筆を執る者の総意でもあると）。しかし、歴史の流れを変え、人々の運命を一変させ、事の成り行きに逆らうことなどできようか。序列を駆け上がって行こうとするなら、それはまた必然的に、そこから下降して行くことも受け入れねばなるまい。そこで私は毎年、自分のパリのガイドに、「何か変わったことは」というコーナーを設けている。そこには、皿を獲得した店と共に、もちろん、それを失った店の一覧も掲載されることになる。

このようにせずして、どうして信用を得ることができるというのか。私の同僚、フィリップ・グロアガン（1951－）は一九七三年から『ギッド・デュ・ルタール』を主宰し、「偉大なシェフの手になる美味しくて手頃な店」という小冊子も公刊している。そんな彼だが、掲載する店を選んだり、ある店が他の店より優れているといったことを明らかにしようとは決してしない。それもまた、一つの選択である。ただし、それはまた、自らを批評の埒外に置いているということの暗黙の宣言でもある。また、私には自分の分身のように思える、ジャン＝リュック・プティルノーという無二の親友がいる。彼は私より一カ月だけ年下で、かつて一緒に仕事したこともあり、しょっちゅう意見交換し、羨望や厄介事を分かち合って来た仲である。そんな彼もまた、『気軽な食事のガイド』に掲載されるレストランを「評価しよう」としない。と

*2 『ゴー＝ミヨ パリ』では、二〇点が五コック帽、十九点が四コック帽、十八、十七点が三コック帽、十六、十五点が二コック帽、十四、十三点が一コック帽であったが、最新版（二〇一四年）では、コック帽だけで点数表記はなくなっている。パリのレストランガイドに関しては、あとクロード・ルベ主幹の『ルベ』があり、一から三エッフェル塔マークで評価している。なお、『ルベ』には評価対象をビストロに特化した『プティ・ルベ』があり、一から三つの鍋（Staub、フランスの有名な鍋メーカーの名）で採点し、そちらの方が有名である。

いうのも、彼は、語の正確かつ厳密な意味での批評家というよりは、人を魅了する才を兼ね備えたグルメ記者、物語作家、タレントといった類いの人物だからである。

もちろん、こうしたことは、『フィガロスコープ』誌の若き同僚、エマニュエル・リュバンには当てはまらない。彼は、時におもしろおかしくも常に的確な筆で、パリのグルメに関し新たに開店した店を採点評価しているからだ。リュバンは、一つから四つのハートマークで店を評価している。また、ハートが破れてしまった印も忘れてはいない。このマークこそ、彼が私に相当近い立場にあることを知らせるものである。というのも、何を隠そうこの私が、今を遡ることすでに二十五年前、割れた皿のマークを発案したのだから。ああ、そうだった。それは『フランスの料理とワイン』誌でのこと（私の担当したコーナーは当時、「ジル・ピュドロフスキの皿」と呼ばれていた）。そして、この割れた皿という記号＝象徴は、私のパリのガイド『ピュドロ・パリ』で今も活躍中である。

結局のところ、批評家であることと序列をつけること、この二つは調和するのだ。もちろん、それはすべての人に喜ばれる訳ではない。しかし何より、読者に自らの選択を啓蒙するのに役立つ。つまり、消費者を手助けし、どこに足を運ぶべきかを知る（これはその手助けとまったく同じこと）一助となるのである。

◎『ゴー＝ミヨ』の二つの記事

レイモン・オリヴェとアラン・シャペル

一九八一年に刊行された一九八二年度版の『ゴー＝ミヨ』で、クリスチャン・ミヨとアンリ・ゴーは、パリの**マキシム**や、レイモン・オリヴェが率いていた**グラン・ヴェフール**、ヴィエンヌ県にあるボキューズやシャペルの師であるフェルナン・ポワン（1897－1955）が創業した**ル・ピラミッド**が築き上げた、名店としての権威を失墜させたのだった。これらの店を三コック帽から二コック帽に降格させ、パリの**リュキャ＝キャルトン**に至っては大胆にもコック帽を剥奪してしまうことによって。

一方、ニースにあるネグレスコホテルのメインダイニング、**シャントクレール**のシェフ、ジャック・マキシマン（1948－）に四コック帽を付与し、サン＝テチエンヌのピエール・ガニェール、パリのジョエル・ロビュション、ミシェル・ロスタン、ポン＝ド＝リゼールのミシェル・シャブラン、さらにブルターニュ地方の町ケスタンベールのジョルジュ・ペノーといった若手のホープたちを三コック帽へと昇格させたのだった。なお、彼らについては後に触れることになろう。

降格、昇格に関して決して説明することのないミシュランに対して、ゴーとミヨは、そうした彼らの選択に関して理由を述べるスペースをとっている。まず、最初の例として、**グラン・ヴェフール**のレイモン・オリヴェに関するテクストを見てみよう。

ル・グラン・ヴェフール、パリ一区、ボージョレ通り十七番地[*1]

二十点中十六点、二コック帽。

われらがレイモン・オリヴェ（1909－90）は最近、病気がちであった。今は彼が快復したこと、周知のことだろう。何よりもまず、天に礼を言わねばなるまい。もちろんその理由は、オリヴェほどわれわれに親しみのある料理人はいないからである。世界中の人々にとってと同じように。そう、今もなお、オリヴェはフランス料理の象徴的存在、料理も話もきわめて味わい深いフランス料理の親善大使なのだから。しかしまた、コック帽を失った痛みに耐え、失地回復を試み、翌年にコック帽を取り戻すには、健康状態を憂慮せざるを得ないのだ。

グラン・ヴェフールというこの記念建造物に傷をつけるのでは、とわれわれは長い間、逡巡したのだった。それはまさしく、フランスの威信そのものに打撃を与えかねないからだ。それでも、眩《まばゆ》いほど才気に溢れた若手シェフや、老いてもなお矍鑠《かくしやく》とした巨匠に三コック帽を与えるにあたって、われわれが信用に足り、筋が通っていると認められるために、あまねくその基準を尊重せねばなるまい。たとえ、魅惑的で見事な、客あしらいもよいこの高台（ヘブライ人がエホバ神に犠牲を捧げた小高い場所）、多くのグルメな詩人たちの面影がそこはかと漂う高間（キリストが最後の晩餐を摂った広間）であるこの**グラン・ヴェフール**に対してさえも。

ただし、われわれの評価は料理に関することに限定される。凡庸なソース、しばしば行き過ぎた火通し、味わい深さがかき消されてしまうか、逆に感じとれ

＊1　保存されているレストランでフランス史上最古のもの。一七八四年、後のフィリップ平等王によって**キャフェ・ド・シャルトル**の名で創設。オリヴェの時代、コレット、ジャン・コクトーらが足繁く通う。現在のシェフ、ギー・マルタンが三つ星を獲得したが、現在は二つ星。

ないか、そして何より発想力の欠如。明らかに、料理はもはや三トック帽に値しない（フレッシュのガチョウのフォアグラ、アーティチョークの芯のサラダ、ラングスティーヌのブロシェット〔アカザエビの串焼き〕、といったシンプルな調理の皿がなんとかギリギリの完成度を維持していようとも）。

その他の点に関して。フランソワ・メナージュの絶妙な客あしらい、親しみがありながら同時に王侯貴族に対するようなサーヴィス、くたびれてはいるものの正真正銘本物の粋を集めた見事な装飾、国際色豊かな上流の客層、**ヴェフール**は常に偉大《グラン》なるヴェフールに他ならないのである。

同じ版の『ゴー＝ミヨ』で、それに対応するかのように、アンリ・ゴーとクリスチャン・ミヨは、リヨン生まれで、同門のボキューズらとヌーヴェル・キュイジーヌを牽引したアラン・シャペル（1937－90）に四コック帽、二十点満点中十九点を与え、その理由を詳説している。たとえ、ミオネ村のこの巨匠がいつものように不在であったとしても、格別のできだった食事に対して。では、彼らの言に耳を傾けることとしよう。

その際注目すべきは、過度にさえ思われる絶賛が短くも辛辣な評で終わっていること。このことが明らかにするのは、良き批判精神たるもの、感嘆の思いにのぼせ上りながらも、われを忘れ、それにのめり込むことが決してないということである。それだけではあるが、まさに何より「末尾ニオイテ」であることによって。

フランスの、パリの、至るところを店から店へと渡り歩き、ここそこで開花し、急成長する多くの才能を前にして、人はうっとり魅了されはじめている。至福の海を泳いでいるかのように。そうこうする内、不意に、ほとんど偶然に、ある一人の偉大なる、真に偉大なる料理人の下で正餐する機会を得ることになるのだ。その際、身のまわりのすべてが瓦礫に等しいものと化す。そう、完璧であると思われたあらゆる食事の記憶が色褪せてしまうのだ。考えを改め、評価の態勢を立て直さねばならなくなる。

先だっての晩、そのようなことがわれわれに、ミオネのシャペルの店で起こったのだ。それはまさしく、炸裂する花火のごとく、才気煥発なものであった。シャペルはわれわれが来るのを待ち構えていたのだなどと反論してはならない。慌ただしく直前になされた予約は、よく考え抜かれていたとはいえないものの、「リゴー」の名で席が確保されたのだ……。

いずれにせよ、その晩、アラン・シャペルは不在だった。それが証明するのは、シェフが何の役目も果たしていないことなどではない。むしろ、偉大なる料理人にはチームスタッフに自らの天才ぶりを伝達する最良の取り柄があるということなのだ。こうして、店の主がいなくとも、少なくともしばしの間、留守を任された者たちは職務を全うすることができるのである。

供された料理を描写するのに、どのような形容詞を用いようとも陳腐に思われた。というのも、最もできが悪いと思われた料理でさえ、二十点満点中十八・五点であり、最良の皿は十九・九九点なのだから。すでに二年前、シャペルのもとで、鶏白レバーのお菓子仕立て（ル・ガトー・ド・フォワ・ブロン）を味わった際、流した至福の涙が正真正銘のものであると認めざるを得ないと思ったものだ。当時、こうした突飛なロマンティズムなど誰も意に介そうとはしなかったのだが。しかし、そのようなメッセージでさえ、もはや色褪せた過去の遺物に過ぎない。とりわれわれの感動を言いあらわすのに、今回は何を評価すればよいのだろう。とりわけ、われわれと同じく、神々しさ、崇高さといった賛辞を決して惜しむことのない人々のために……。

食した料理を正確に記すに留めておこう。マスタード風味の柔らかく温かいオマールのサラダ、モリバト（ピジョン・ラミエ）のジュレを敷いたヒメジの切り身（フィレ・ド・ルジェ）、鴨レバーの温製蕪のコンフィ添え、鯛のマトロート（香草を入れた白または赤ワインで蒸し煮した料理）ポロ葱のクリーム煮添え、脂身を用いた仔牛の腎臓、[*2]カルドン（アーティチョークに似た野菜で、茎を食す）とマカロニグラタンと共に、ペッシュ・オ・フール（桃のオーブン焼き）。こうして、モーツァルトを聴いた後の静寂、コーヒーを飲み終えてのコップ一杯の水のように、シャペルの後にはもはや何も必要ないと言えよう。ただし、あえて厳しく、まったく不当という訳でもないいくつかの問題点を指摘しておこう。それは、応対や給仕に関して（とりわけ、ソムリエの）である。

＊2　腎臓の周囲についている脂身を取り外し、それを用いてコンフィにしたり、その油でロティしたりするブルゴーニュ地方の郷土料理。とりわけ、赤ワインの銘酒ニュイ＝サン＝ジョルジュで煮たものはア・ラ・ニュイトンヌ、ニュイ地域の仔牛の腎臓料理として有名。

7
正確を期すのは不愉快な欠点ではない

　莫大な数のグルメ用語を頭に詰め込まねばならないと恐れることはない。というのも、それは、重々しいソース、火を通し過ぎた料理、不首尾に終わった食事よりはるかに身になる、消化されやすいものだから。美食批評家たる者、あなたの喜びのしがない代書人、あなたの感動の忠実なスキャナー、あなたの魅惑的な会食の速記人、そう、あなたの参加する饗宴の目に見えぬ招待客に他ならないのだ。要するに、たとえそう気づかないとしても、絶えずあなたを気遣う者こそ、美食批評家なのである。

　ちょっと説明させていただこう。長きにわたり、料理は甘んじて来てしまったのだ。あらゆる意味における重苦しさ、流されるがままのもったいぶり、愚にもつかないデタラメ、無用の野菜といったものに。結果、味覚同様、あなたの視覚をも台無しにして来たのである。しかし、ここ三十年来、すなわち、「ヌーヴェル・キュイジーヌ」の追随者たちによって、料理人は、よりシンプル、適量、新鮮、純粋で、きちんとした料理を作るよう工夫を凝らして来たのだ。

それに従い、批評の仕事もまた、シンプルなものになって行った。まずい食事に遭遇することがますます稀になることによって、料理を精査し、それを語り、それについて書き、評価することが重要となったのである。つまり、あまり新鮮ではない食材を隠すための重々しいソースの時代はほぼ過ぎ去り、今日の若いシェフたちは皆、先人たちの実り多き教えを取り入れているように思われるのだ（このことに関しては、後に触れることにしよう）。

もちろん、残念な食事に出くわすこともある。新鮮でない牡蠣、朝獲りではない鮟鱇《あんこう》、硬いステーキ、出来そこないの分離したベアルネーズソース、解凍が下手でカラッと揚がっていないフライドポテト、生地が柔らか過ぎたり、焼きが甘いタルト、しかも用いられた果物が酸っぱすぎたり、熟していなかったり等々。しかし、問題なのは、何を食べようか選ぶ際の熟慮に基づいた意志よりも偶然の方である。「美味しかろうと、不味かろうと、提供する料理は同じ値段」。ヌーヴェル・キュイジーヌの帝王ボキューズ（1926－2018）ならこう付け加えるに違いないと誰もが言うだろう。「ならば、美味しい料理しか出さないに限る」、と。

だから、ボキューズの店で修業した若いシェフたちが同時に見習うべきは、トロワグロ兄弟（兄ジャン〔1926－83〕、弟ピエール〔1928－〕、ロアンヌ）、ミシェル・ゲラール（1933－、アキテーヌ地方の小村ウジェニー・レ・バンに、**レ・プレ・ドゥ・ジェニー**を開店）、ベルナール・ロワゾーといった地方の三つ星シェフたち。また、ギー・サヴォワ（1953－、パリ十七区〔現パリ六区〕）、アラン・パッサール（1956－、パリ七区）、**ラストランス**のパスカル・バルボ（1972－、パリ十六区）といったパリの三つ星シェフたち。さらには、アラン・ドュトゥルニエ（1949－、**キャレ・デ・フイヤン**、パリ一区）、エリック・フレション（1963－、**エピキュール**〔ホテル・ル・ブリストル〕、パリ八区）、ル・スケール（1962－、**ル・サンク**、パリ八区）といったパリのグラン・メゾンのシェフたちだろう。

しかも、それだけに留まってはならない。クリスティアン・コンスタン（1950－、パリ七区）、イヴ・カンドボルド（1964－、**ル・コントワール・デュ・ルレ**、パリ六区）といった昨今流行りのビストロ・ガストロ（グラン・メゾン級の料理をビストロ感覚で出す店）の新たなグループ。**ル・レギャラード**（パリ十四区、シェフはブルーノ・ドゥセ、カンドボルトがビストロ・ガストロを広めるきっかけになった店）、**ラミ・ジャン**（パリ四区、ステファン・ジェゴー）、**ラミューズ・ブシュ**（パリ十四区、二〇一二年版で消える）、**ルルシヌ**（パリ十三区、シルヴァン・ダニエル）、**アファリア**（パリ十五区、ジュリアン・デュブエ）、**ル・トロケ**（パリ十五区、クリスティアン・エチュベ）、**ラント**

レジュ（パリ十七区、フィリップ、ペエロプ・トレジュ夫妻）、**シェ・ミシェル**（パリ十区、ティエリー・ブルトン）、**クリスタル・ド・セル**（パリ十五区、カリル・ロペズ）も参照すべきである。これらビストロ・ガストロのシェフたちは、気の利いた創造性に富んだ料理を、その起源がグラン・メゾンにあることを否定するでもなく、簡素な雰囲気の中、手頃な価格で提供してくれるのである。

では、批評家の役割とは一体何であろうか。体系化し、描写すること。理解させ、説明を尽くそうと試みること。その恒常的な繰り返し。さらに、それぞれの季節、その店で食せるものを調べること。もし、ジャガイモのピュレと共に、網脂で包んだ新しいスタイルの豚足がご所望なら、正午前、早めに昼食に出かけること。そして、カンドボルトの**ル・コントワール・デュ・ルレ**に並ぶのを躊躇《ためら》ってはならない。というのも、彼は予約をとらないからだ。食事にありつける幸運をひたすら願う友の忠言。また、もしタルト・オ・ショコラに目がないなら、三つ星の中で最も目立たないベルナール・パコー（**ランブロワジー**、パリ四区）のことを思い出せばよい。心揺さぶられる見事なバニラアイスと共に供される絶妙なほろ苦さのタルトは、彼がこのジャンルに精通していることを証明している。あるいは、もっと現代風なトレンドの、しかもあまり値のはらないタルト・オ・ショコラが御希望なら、スヴァン・シャルティエのもとを訪れるがよい。店はブルス（証券取引場、パリ二区）近くの**サテュルヌ**。彼はパリの高名なブロガーたちに崇め奉られている若きワンダーボーイである。

食の喜びを体系化する批評家は、最上の料理の数々をあなたに探し出してくれることだろう。シュークルート（発酵キャベツと豚肉類、魚介の煮込み）なら、**シェ・ジェニ**（パリ三区）、**ボファンジェ**（パリ四区）、**ブラッセリー・フロ**（パリ十区）、**オ・ブレッツェル**（パリ十四区）、**ル・ベック・ルージュ**（パリ十五区）。アンドゥイエット（腸詰）なら、**シェ・ルネ**（パリ五区）、**シェ・グルヌイユ**（パリ九区）、**ランバサード・ドーヴェルニュ**（パリ三区）、パリ二区あるいは十七区にある**シェ・ジョルジュ**。ブーダン（豚の血の加工品）なら、**ラ・オ・セ**（パリ五区）、**ラ・マルロット**（パリ六区）、**ドゥ・シェ・ジュー**（パリ七区）、**ラ・フォンテーヌ・ド・マルス**（パリ七区）。ブイヤベースなら、**ラ・メディテラネ**（パリ六区）、**ル・プティ・ニソワ**（パリ七区）、**ル・カンソン**（パリ十五区、閉店）、**シェ・アントワーヌ**（パリ十六区、一つ星）。カスレ（白インゲン豆と羊肉の鍋煮込み、ラングドック地方の料理）なら、**オ・トゥルー・ガスコン**（パリ十二区、一つ星）、**ル・サルラデ**（パリ八区、閉店）。仔牛のレバーなら、**カメレオン・ダラビアン**（パリ六区）、**バルザール**（パリ五区）、**リブルダング**（パリ五区）、**ル・ルレ・プラザ**（パリ八区）。そして、クネルなら、**オ・リヨネ**（パリ二区）、**ラ・トゥール・ダルジャン**（パリ五区、一つ星）、**ルレ・ルイ十三世**（パリ六区、二つ星）、**サンドランス**（パリ八区、現**ルカ・キャルトン**）、**ミシェル・ロスタン**（パリ十七区、二つ星）。

では、批評家とは目録の作成者、会計士、演出助手、スクリプターのごとき者なのだろうか。まあ、そうであろう。しかも、同時にこれらすべてであるとも。さらに付け加えるなら、総監督でもある。思わず涎が垂れそうになる語り口。しかし、**ラストランス**（パリ十六区ベートーヴェン通り）の目下の十皿のコース料理、さらには、**ラルンスブール**（モーゼル県、ベーレンタール、三つ星）のムニュ・デギュスタシオン（試食用コース）の十五皿について、しずしずと語る者。この二店は、創造的な料理の控えめな殿堂である。そこでの食事は、一口一口が美味の連続としか言いようがない。上質で、繊細、軽やかで空気のごとく、結局のところ、たいへん消化もよい。

ラストランスでは避けて通れない料理がある。ローズマリーとレモン風味のバターが効いた温かいブリオッシュ。プラリネ入り、パレ・アマンドと青リンゴ（アーモンド粉を焼いた円盤で青リンゴをはさみ、プラリネクリームでつないだもの）、グリンピースのヴルーテ（通常は卵黄でつないだ濃厚ポタージュ）、ショウガ入りヨーグルト、ウコンとカルダモンのムース。これらは食事への導入役を担っており、一般に「アミューズ・ブッシュ（つまみ）」と呼ばれているものに相当する。軽やかで溌剌としており、そのくせ、慎ましやかで味わい深い。食事をスタートさせるには申し分のないものである。次に、今や古典的とも言える、ヴェルジュ（酸味の強い葡萄果汁）でマリネしたフォアグラが登場する。シャンピニヨン・ド・パリ（マッシュルーム）の薄切りをガレットに見立て、ペースト状のレモンマーマレードをつなぎに、ミルフィーユ風に層状に重ねたもの。酸味と苦味がコントラストを描きながら、見事に一つの料理として構築されている。さらに、茹でたオマール海老の入った野菜のナージュ（白ワイン煮）、ハーブと食用花を添えて。続いて、マトウ鯛《サン＝ピエール》の蒸し煮（ヴァプール）、ウイキョウ、チピロン（ホタルイカ）、レーズンのピュレ、タマリンドと共に。海の恵み／大地の恵みが見事に調和した代表作。

何か忘れてはいないか。もちろん、そんなことはない。まだまだ、料理は用意されている（あなたは選ぶ必要がない。毎晩、決まった一つのメニューしかないからである）。味噌でマリネした鯖、蕎麦の実と共に。これには、定番のルッコラとサーディンのサラダ、燻製アンチョビソースがけが添えられている。こうして、魚料理は、青い血のもの（エビ、イカ）、高級魚（マトウ鯛）、大衆魚（鯖）と完璧な三部作で構成されているのである。大胆かつ味わい深い料理の数々。で、次はもちろん肉料理が種類別に続くのである。皮に焼き目をつけた乳飲み豚、ジロール茸とアーモンド、杏を添えて。田舎風ながら、きわめて粋な逸品。さらに、沼地の鴨のソテー。味のアクセントとしてグリオット（甘みの少ないサクランボの一種）、グリンピースとそら豆を添えて。この料理、肉はジューシーで身がしまり、北京ダックを思わせる皮のパリパリ感との対比が見事。酸の刺激が薬味となり、口休めにつまむ野菜との相性も抜群。

締めに語るべきは、ほとんど砂糖を用いない調和のとれた一連の交響曲のごときデセールのファランドール（プロヴァンス地方の民俗舞踊音楽）。刺激的な味とレモンの香りのするチリペッパー、ジンジャー、レモングラスのソルベ（シャーベット）、緑茶のクリームとピスタシオの入ったフランボワーズのタルトレット、アーモンド風味のカプチーノ、焼きライスペーパー、サクランボと干しスモモのコンポート、リコッタチーズのアイスクリーム、いちごのゼリー、再び、刺激的な味とレモンの香りがするソルベ、ジャスミン風味の卵黄入りホットミルク、栗の花の蜂蜜入りマドレーヌ。そこには何か、真面目さと偉大さが足りないのではないか、と独り言を言うのが聞こえて来そうである。

ラストランスが批判される口実。それはいつも、芸術的・実験的料理だからとか、メニューがお仕着せだからとか、食事する厳かなホールがパリで最も快活なものではないから、とかである。しかし、そこで供される料理はすべて上等である。また、パスカル・バルボが若いスタッフ達と成し遂げる仕事は、ミニ・キュイジーヌ（小さなポーションの料理を次々と多数出すスタイル）ではあるものの、分子料理でもなければ、気取った風でもない。食通のプリンス、キュルが言ったように、「その食材本来の味覚」を取り戻させる、まさしく実質的なものなのだ（ところで、あなたはキュルのことをすでに知っている。そう、一九二七年に『パリ・ソワール』誌の企画で食通のプリンスに選ばれたキュルノンスキ〔1872－1956〕のことである）。バルボは間違いなく、偉大な料理とその恩寵の瞬間を築き上げたのである。

ベーレンタールにある**レストラン・ラルンスブール**も、事情はまったく同じである。ただし、こちらの店は北フランスのヴォージュ山脈中の人里離れた林間の空地に位置し、バ＝ラン県の端のように思われるが、実際はモーゼル県にある。確かにメニューはお任せしかない訳ではないが、ほとんど**ラストランス**と似たスタイルである。それを理解しないと、最新のグルメ事情を捉え損なう恐れがある程だ。たとえば、何よりもまず、「味わい深い小さなアペリティフ（食欲をかき立てるものの意、食前酒を指すことが多い）の数々」。そう、スフレタイプの小さな蒸しパンをサーモンとウイキョウと共に、ゲル状のグリオット、ピノ・ノワールのソルベ、カシスムースで構成されたコクテル・カルディナル（枢機卿風カクテル）、パルメザンのクロカン（カリカリとした歯ごたえのある焼き菓子、パルメザンチーズ味のフライドポテトをフリーズドライ製法でシート状にしたもの、すなわちポテトチップス）、菜食主義者のための、具がスイカ、フレッシュトマトケチャップ、キュウリのピクルス、輪切りにしたトマト、赤タマネギのミニ＝ハンバーガー、クリーム状にした砂糖衣をまとったアーモンド、ジラルドの牡蠣（牡蠣のロールスロイスとも呼ばれる）、ゲル状のダイダイ、キンカンのムース、ライムのソルベと共に。

こうしてようやく、本格的な料理が供されはじめる。私が訪れた時は、トマトをテーマにした驚くほど多様性に富んだ皿の数々。しかも、複雑できわめて味わい深い。バジルのクリーム、モツァレラのニョッキ、黄色のマール・ド・トマト（トマトの搾りかす）、シチリア原産のダッテリーノトマト水、紫蘇とバジルクリームを合わせたもの、ゲル状のレモン、ブーラッシュ（ルリチシャ）とセルポレ（シソ科の植物）を一皿にまとめたもの。ヨーグルトのムースには、オリーブオイル、青トマトのソルベ、ポメロ（マレー半島原産の柑橘類）のプルンプルンのゼリーが。さらに、トマトのコルネ（角笛の意、円錐状の生地の中に具を詰めた料理）も。アスパラガスの穂先、クルジェット（ズッキーニ）、ヴィネグレットソースでマリネしたトマトの薄片、ハブーゴ村のイベリコ豚のハムのスライス、賽の目切りのメロン、フロマージュ・ブラン（熟成させないクリーム状のフレッシュチーズ）が詰められている。狂気の沙汰だ。しかし、何と美味なことか。これらの料理では、トマトの味わいがおよそ十種の異なった手法で炸裂している。

その後、「フォワグラの優しい口づけ、イスパアン」[*1]が登場する。エルメに似てライチとバラを用い、美食家の赤い唇を模した料理。次に、生に近い火通しのオマール、ニワトコのソース。鞘が濃赤色のエンドウ豆のグリンピースのボンボン、ココナッツミルクのエミュリュジョン（乳化の意）、ゲル状の柚子と共に。さらに、驚嘆すべきスズキのア・ラ・プランチャ（スペイン料理の鉄板焼き）。魚は皮を外して焼かれている。トウモロコシの輪切りを模した付け合わ

＊1　イスパアンはパティスリー界のピカソと称賛されているピエール・エルメの代表的創作ケーキの名、赤いバラの意。バラ、ライチ、フランボワーズを用いる。エルメの菓子に対するオマージュ的料理。

せと共に（もちろん、トウモロコシはクリーム状にしたものを少量用い、原形を再現したもの。力強くとても魅力的な味）。

何か忘れている。そうだ、野菜のバーベキューがあった。白身と黄身を一緒に調理した堅さも「完璧な」カタバミ入りの卵の皿の上に載せられて。そうして、ようやくメインのとびきり上等の和牛が。神戸牛のように柔らかく、脂が乗っている。ポレンタ（イタリアではトウモロコシ粉、コルシカ島では栗の粉を練ったもの）のフライと共に。ベアルネーズソース（卵黄と酢で作る）にトマトのピュレを混ぜ込んだ洗練されたショロンソースと黒ニンニクのペーストを添えて。思わず、囁かずにはいられまい。常軌を逸している。あまりにも多過ぎる。食べたものを思い出すのも一苦労、と。しかし、どの料理もとても軽やかな仕上がりで、食事は一陣の風のごとく過ぎ去って行く……。そして、給仕長が入念に作成された料理のリストを、さりげなくそっと差し出してくれることだろう。今宵の食事を思い出すことが喜びとなるように。

空気のごとくさらに軽やかなデセールについても最後に述べておかなければ。杏とレーヌ・デ・プレ（しもつけ草）のヴァシュラン、サクランボの煮たもの、ビスキュイ、ニワトコの花の入ったソルベ。言い忘れるところだった。膨大な品揃えながら、見識が感じられるワインリスト。アルザスワインがブルゴーニュの最良のものと共に楽しめる。しかし、結局のところ、誰もが称賛するのを忘れないのは、その立地であろう。簡素でブロンド色をした心地よい建物。

周囲が木で覆われながらも、レストランの手前の部分だけが、森の外側へと大きく開口され、開放的な趣を与えている。しかるに、誰もがこう自問することだろう。ここは確かにグラン・メゾンである。その上、隠れ家的だし、値段もとても手頃（同じ三つ星でも、パリなら二、三倍はするだろう）だ。それでも、果たしてこの店は世界で最高のレストランだろうか、と。

そう疑問を抱く時、人は誰かに教えを乞いたいと思うに違いない。あなたにそれを立証せんがため、まさしくそこに批評家はいるのだから。本章の冒頭で明言したように、われわれ批評家たる者、あなたを喜ばせるための正しき導き手であらねばならない。そして、決して独裁者であってはならないのだ。

口に頰張ったまま喋る

8

批評家とは、他の者以上に通じている訳ではないが、語る才のある者のことである。食を愛する者は、そのことについて語り、何より、その感動を他の者に伝える術を知っている。そう、口に頰張ったまま喋るのを覚悟の上で。この定義は、私の師であるクリスチャン・ミヨから一部借用したものである。彼は大した冗舌家で、しばしば私にこう言ったものだ。「良いレストランは美味しい食事同様、必然的に快活なもの。でも、それを伝えられた者は退屈でうんざりするかもしれないし、神経を逆なでされることさえあるだろう。読者を魅了するには、何か別のことを語る術を心得ていなければならない」、と。ゴー＝ミヨガイドや月刊誌を編集するにあたり、クリスチャンは長広舌でとうとうと論じ、遠回しの言い方を用いて話を行きつ戻りつするのに長けていた。

彼の記念碑的著作『美食愛事典』は、同業者にとってまさに必須の手引となるものである。たとえ、栄誉ある先人たちが容赦なく酷評されていようとも。そう、ガストロノミの原点『美味礼讃（味覚の生理学）』（一八二五年）の著者、ブリヤ＝サヴァラン（1755－1826）は「あの大まぬけ」とか、食通のプリンス、キュルことキュルノンスキは「彼の褒めそやすソースがべったりの文体」とか。また、一八〇二年に『ミシュラン』の先駆けとなる『食通年鑑』を刊行したラ・レニエール（1758－1837）の名を名乗っていたクルティーヌ（1910－1998、彼はサヴァランの名も騙《かた》っていた）も忘れずに俎上に乗せられている。クルティーヌは親しみやすい作品を書く作家だったが、コラボ（対独協力者）であった過去に言及して。しかも、『パリ新聞』（1941－44年、パリ占領時に発行されていたドイツ語新聞）や『ラ・ジェルブ（結束）』（一九三八年創刊のペタン派による雑誌）への寄稿を周到に引用しながら。ミヨがそうする必要を感じ、擁護し、自らの責任で再び取り上げたことのすべて、また逆に、行わないようにしよう、回避しようとしたことのすべてを、それらがAからZまでに分類された『美食愛事典』に見出すことができる。

パリ政治学院で公僕になるべく教育を受けたにもかかわらず、自らの希望で文芸ジャーナリストの道へと進んだクリスチャン・ミヨは、比類なき才能を発揮して、執筆と発言を続けた。驚くべきものから生彩を欠くものまで、素晴らしいものから月並みなものまで、途方のないものから可もなく不可もないものまで、ありとあらゆる食事を活写し、ガイド本の読者たちを感涙にむせばせたのである。

「グルメたちよ、跪《ひざまず》くがよい。アラン・シャペルは美食のカテドラルである」[*1]。これはクリスチャンの手になるものか、それともアンリ・ゴーの手になるものか。私にはもはや知る由もない。いずれにせよ、カエサルの物はカエサルに、二人の名に帰されることには間違いない。

彼らの指導のもと一人前になるべく、私たちは多くの月日を費やして来た。傾聴すべきはミシェル・クレニュー（1948－2013、ワイン、特にボルドーに詳しい美食評論家）でもなければ、フランソワ・シモン（1953－、夫人が日本人ということもあり日本では名の知れた評論家）でもない。クリスチャン・デュボワ＝ミヨとアンリ・ゴディション（ゴーの本名）は、共に活動していた時期（一八九五年、ゴーがミヨと袂を分かち独立）、真に批判的精神の範を示し続けてくれていた。そう、それぞれの時代を飾る最も有名な二人組、エルクマン＝シャトリアン、ルー＆コンバリュジエ、ジュールとジム、ヴィクター＆ロルフ[*2]に匹敵する、美食の領域における名コンビであった。そして、今なお、私たちはゴーとミヨに追随し、彼らの実り豊かな成果を継承するよう自ら歩を進めているのである。

重々しいソース、長時間火を入れ過ぎた料理の時代に、ゴー＝ミヨはヌーヴェル・キュイジーヌの十カ条を発布するに甘んじた訳ではない。ヌーヴェル・キュイジーヌ、それは新たな食の知であり、覚悟の上のいや増す周囲の無理解のみならず、多かれ少なかれ才に恵まれた追従者をも見出すこととなった。そして、美食のソースの中に、文学をもたらすことに成功したのだ。ここで、彼らの手になるアンソロジーのある一節を引用せずにはいられない。というのも、そこで二人はいにしえの料理評論家たちに引導を渡しているからだ。そう、誇張表現と冗長さにまみれた文体で、褒めそやし、称賛し、見えすいたお世辞を言うしか能のない評論に別れを告げたのだ。それも、洗練されつつも滑稽ささえ感じさせる、過去の手法の模倣によって。では、長くなるが以下に『ゴーとミヨ、テーブルにつく』（一九七六年、ストック社）からの引用を。

＊1　シャペル（Chapel）を同音異義語の chapelle（チャペルのフランス語）にかけている。

＊2　エルクマン゠シャトリアンは、ロレーヌ出身の共同執筆した二人の作家、エミール・エルクマン（1822－1899）とアレクサンドル・シャトリアン（1826－1890）のことで、マスカーニのオペラ『友人フリッツ』（一八九一年）の原作（一八六四年）の著者として有名。ルー&コンバリュジェは、エッフェル塔のエレベーターを担当した双子の兄弟の名を冠したメーカー名で、フランスにおける双生児の代名詞的存在。ジュールとジムはトリュフォー映画の主人公、二人の文学青年の名（邦名『突然炎のごとく』〔一九六四年〕）。ヴィクター&ロルフはアムステルダムに拠点を置くファッションブランドで、ヴィクター・オスティン（1969－）とロルフ・スノラン（1969－）のデザイナー・デュオが創設した。

「ずっと以前から、いわゆる『美食（ガストロノミック）』ジャーナリズムは喉を鳴らして満足の意を表明して来た。クリームソースが滴り落ちるような文体で、思いがけない滑稽さを伴いながら、卒中を起こしかねない太った紳士方の会食を報告することで。その伝えるところは、およそ次の通り。

『ドゥール運河のほとりにある瀟洒なオーベルジュへ、先日友のロジェはわれわれ――私と相棒――を迎えた。お膳立てをしてくれたのは、彼のかわいらしい妻、快活なジルベルトであった。錬鉄のレース状格子の間のあちこちに漁師網を引っ掛けてある、シンプルかつ上品で独特の雰囲気のある空間。まず手始めに、われわれは繊細な味わいの豚足のテリーヌを享受する権利を得た。偉大なシェフの腕前を確認した次第である。続いて、店主は私に仔牛の頭を勧めた。極上のソースのみを纏わされた崇高の域にまで達した料理。ヴェールの中で顔を赤らめる新婦の如くである。

で一方、私の共犯者ときたら、エクルヴィス（ザリガニ）のナンチュア風に目をつけた。そう、一流の証となる料理に。知見豊かながらガストロノマド（美食の彷徨い人）であるわが読者諸氏――それは少しも嘆かわしいことではない――は、マグレ・ド・キャナール（鴨の胸肉料理）が何かご存じない訳はなかろう。真に偉大なシェフの料理の領域にあるこの上なく高度な味覚を要求する料理である。われわれは何一つ失望することはなかった。というのも、店主は独創的な発想の持ち主で、シャンピニオンのデュクセル（マッシュルーム、エシャロット、玉ねぎを炒めたもの）を鴨の中に詰め、トウモロコシ粉の薄いクレープの中にまるで赤ん坊のようにそれを包み、全体を白ワインでデグラセし（煮汁に白ワインを入れ、うま味をこそげ落としてソースに用いる手法）、サラマンダー（上面だけの開放型オーブン。さっと焼き色をつけるのに用いる）をくぐらせるという手の込みようだったからである。この上ない喜び。それはまた、われらが美食家の味蕾《みらい》から感謝の大喝采をわが友ロジェに与えんがものであった。ああ、われらが友なる料理人たちよ、自らが供する料理にこのようなシンプルな味わいを与える術をもっと知っていただけたなら。

食事を終えるべく、われわれは青コショウ風味のフランベされた桃を賞味した。そのまろやかさときたら、優美さにおいて、マダガスカル真珠の輝きと競合せんがばかりであった。食事に合わせたワインに関しては、少々ピリッとした金属味のある白ワインにした。火打石の味のするもので、素朴な作りであることは否めなかった。そこには確かに、神の如きコームに祝福されたレストランがある。われわれはこのレストランを友である読者諸氏に太鼓判を押して推奨したい。偉大なるキュルの名にかけて、失望することなど微塵もない、と』

アレクサンドル・デュマの常軌を逸した、驚嘆すべきそれにも匹敵するこのような「グルメ」文学に、シャンベルタン（ナポレオンが愛飲したブルゴーニュワインの銘酒）でいただけないもの、即ち、厳格さに欠け、真の感銘から最も遠い作り手が誰かを尋ねても無駄であろう」

ゴーとミヨの二人組はさらにこう付け加え、注意を喚起している。「もし、大文字のGを用いる美食通（la Gastronomie）なるものが一つの技芸であるならば、それは何より、仲間内での互いをもほめそやし合う、ただのただ飯食いのそれに他ならない」、と。

クリスチャンとアンリ、あるいはアンリとクリスチャンは、このように、一九二〇年代初頭には見出すことができ、一九五〇年代に一世を風靡したキュルノンスキの文体をあえて模倣し嘲笑することで、批判したのだ。キュルノンスキ――本名、モーリス＝エドモン・サイヤン（一八七二年アンジュに生まれ、一九五六年パリに死す）。彼についてはまた、後に詳細に触れることになろう――は、当時のロシア人気にあやかって自身のペンネームに思い至ったのだった。キュルノンスキは軽妙な語り口の通俗小説家を生業としていた。また、それ以前にはゴーストライター、正確には、コレット（1873－1954、二十世紀前半を代表するフランスの女流作家）の夫、大衆小説の大家ヴィリー（本名、アンリ＝ゴーティエ・ヴィラール、1859－1931）の代筆者の一人を務めていた。彼はもともと食道楽だったが、まだ選ばれし食通のプリンスではなかった（彼がプリンスに推挙されるのは一九二七年になってのことである。その件についてはもう少し先で触れることにしよう)。ともかくも、キュルノンスキは相方のマルセル・ヌフ(1877-1936、『食通、ドダン=ブファンの生涯と情熱』の著者)と共に、「逸品料理と素敵なオーベルジュ」を求めて、フランス国内を旅していたのだった。

キュルとマルセルは二人共だって、ペリゴール地方、アンジュー、ノルマンディー地方、ブレス(ビュジェやジェックスの村と並んで)などへと縦横無尽に足を伸ばした。そして、アルザスを感動と共に発見したのである。「あらゆる地方の中でも、アルザスは疑いなく、ブルターニュやベアルヌと共に、自らの特質、絵のような美しさ、伝統を保持する術を最も知る地方なのである」。この二人組の書いたものは、まったく時代遅れながら、再び読み返してみるときわめて感動的である。というのも、報復に燃える愛国心と地方を訪れた率直な喜びとがないまぜになって、心を打つからである。そう、「武装した赤ら顔」、「ライン河の向こう(ドイツのこと)の整然とした野蛮人たち」、「チュートン人たちが熱心に励む蛮行と軍国化」に対して復讐せんとの愛国主義と、そうした愛国心から生じてはいるものの、「同輩や友人として」、「再発見された親愛なる田舎」を訪問し得たことへの素直な喜びとが。

要するに、キュルノンスキとルフは、ありったけの賛辞をアルザスとアルザス人に与え、「その古き街々を醜くし、凡庸なものにせんとあらん限りのことをなす」侵略者を何一つ評価しようとはしなかった。アルザスの古き街々、「その内に秘めたる深遠なる魅力」はあらゆる謀略に抵抗する術を知っていた。また、キュルノンスキは、アルザス地方、オー＝ラン県の県庁所在地コルマールをハンジ（1873－1951、本名ジャン＝ジャック・ヴァルツ、コルマール出身の画家）を伴って訪れている。「誰もが知っている。訪れた作家と挿絵画家に共通の精神的なものが、アルザスの良き人物像であり、同時にまた、パリっ子の特徴でもあり、何よりフランスの偉大なる芸術家のそれであることを。彼の多くの作品は、生まれ故郷への愛、フランス礼讃を、そして、ドイツ野郎への卑俗な侮蔑を、類いまれな巧みさで表現している」。そして、キュルノンスキは、パリでの流行りの料理のように、ここコルマールではハンジと共に、きわめて興味深い数々の伝統料理を見出している。

こうして、一六〇九年創業のコルマールを代表する老舗ホテル、**ラ・メゾン・デ・テート**で、キュルとハンジは、野菜のポタージュ、野ウサギのシヴェ（赤ワインに漬け込んだ肉を煮込んだもの）ヌイユ（ヌードル）添え、ペルドロ（山ウズラの若鳥）をシュークルートと共に、エクルヴィスのア・ラ・ナージュ（香草を効かせたブイヨンで煮たもの）、クミン入りマンステール（アルザス・ロレーヌ地方のチーズ）、果物にアニス風味のパンを平らげている。ベーブレンハイム、コルマール（のクレヴネール［ピノ・ブランのこと］）、アンメルシュヴィール（のゲヴュルツトラミネル）、リクヴィールといったアルザスの村のあまたの銘酒と共に。食後酒として、フランボワーズのオー＝ド＝ヴィー（蒸留酒）も忘れずに。しかも、翌日もまた、今度は人のよいハンジの伯父抜きの二人だけで、このレストランを訪れている。鱒のムニエル、ソーセージのシュークルート添え、再びペルドロ（「前日より出来はイマイチだった」。それは本当である）の誘惑に勝てなかったからだ。

彼らはストラスブールでも、同様の行いを続行した。きわめて独特な彼らの流儀で、その地域を象徴する料理を平らげたのだった。「われわれは、イール川のほとりで、旬の新鮮なキャベツを用いた柔らかくみずみずしいシュークルートを食した。実はそれは、冬の間ずっと充分にマリネされた古漬けだったのだ。内気で蒼白い顔をした処女が四十がらみの女性であったごとくである。われわれとしては、経験を積んだ成熟さの方を好むと言えようか……」

要するに、彼らが行ったのは、批評というよりは歳時記や時評に近い。ただし、ミヨやゴーの気には入らなかっただろうが、そこにはわずかながら批評があったのも確かである。つまり、ストラスブールでは、そのようなシュークルートを「ただただ美味」と評し、ヴァランタンでは、当時有名だった舌平目を「まずまずの平均の域を出ない」と評しているからだ。しかし、それはあまりに性急すぎるかもしれない。冒頭で述べたように、批評とは、口いっぱいに頬張って喋る術を知り、しかもそれについて説明する技芸のことである。批評を行い、語り、評価する方法、スタイルは、おわかりのように、世界中で供される料理同様、当然のごとく進歩するものなのだ。

9 変動する世界

世界は変わり行く。この本を書いている二〇一一年、グルメ、大食漢、食の愛好家、熱狂的なファンといった類いの人々は、もはや、キュルノンスキの時代、それどころか、ゴー＝ミヨの時代とさえ、同じではあり得ない。昨日から教訓は引き出され、一昨日の祈りは聞き入れられ、いまだ来たらぬものへの予言は方向転換を迫る。一九八〇年代初め、クリスチャン・ミヨとアンリ・ゴーは、自らが出している月刊誌で、二〇〇〇年のグルメ事情とレストラン業界を架空の安定期とみなし、あれこれ思いをめぐらしたのだった。

二人は真面目半分、冗談半分に、二〇〇〇年には粒状のサプリ（ピル）を食しているだろうと見積もったのだ。まるで、『緑の太陽』のように。この映画の設定は、天然資源を食べ尽くしてしまった世界。そこでは、ソイレント社の作る緑色の謎のドロップが唯一、将来への不安に囚われた人々の栄養源となっている。[*1]ゴー＝ミヨの予測では、世界は終わりなきファスト・フードの巨大な食物連鎖に侵略され、シェフという職業は、辛うじて生活できるだけの収入しかないエリート料理人になっている、と。

アラン・シャペルのような、類いまれなるコース料理を供する、神に選ばれしいくばくかの者たちは、もういなくなっていることだろう。そう、パン・ド・カンパーニュを焼くことから、農家風フロマージュ・ブランまで自ら作らなければ気がすまない真に料理に憑かれた者を養う土壌はもはやない。

こうした夢想——悪夢——は、幸いにも誤りであることが判明した。テレビに登場する美食批評家の双璧、ジャン＝ピエール・コフ（1938－）とジャン＝リュック・プティルノー（1950－）によって先導された論争が、最後には実り豊かな成果をもたらしたのだった。コフは「良

＊1　原題『ソイレント・グリーン』。ソイレントは大豆（soybean）とレンズ豆（lentil）の合成語。実は、緑色の謎のドロップは安楽死させられた人間から作られていることが暴かれる。一九七四年、リチャード・フライシャー監督作品、アメリカ映画。主演はチャールトン・ヘストンとエドワード・G・ロビンソン。

き人生」を唱え、プティルノーはロンドンタクシーに乗って、「真の」フランスを求めてのキャンペーンを行ったのだ。[*2] 今日、誰もが、真の、美味なる、ビオ（有機）の味覚を再発見している。原産地統制名称（AOC）も各方面に普及している。こうして、リステリア菌の脅威や、ブリュッセル（EU）の役人による強制（条約）にもかかわらず、フランスは生乳から作るチーズを守り続けているのである。

「二百五十種ものチーズを作り出す国が滅びる訳がない」。一九四〇年、フランスとイギリスの同盟／連合を提案した際、ウインストン・チャーチルはド・ゴール将軍にそう囁いたという。われわれの「古き良き祖国」は一度も滅びたことがなく、これからも未来永劫、消滅することなど決してないだろう。確かに、わが国は今日ほど事がうまく運んでいた訳ではない。というのも、現在、農産物は、AOCあるいはIGP（地理的保護表示、EUによるAOPに準じる農作物の表示）によって保護されることが要求されているから。その結果、ビオでナチュレル（自然派）なワイン、再発見された根菜、天然ものあるいは上手に養殖された魚、上質のオリーヴオイル、果実の風味を真に生かした手作りジャム、これらすべてのものが職人の手によって推し進められている。彼らは永久不滅のフランスの存在を信じ、祖国への楽天的な賛歌を口ずさむことだろう……。こうして、批評家の役割もまた変わったことがおわかりになったに違いない。

批評家は書斎の人であると同時に、大地の人となったのだ。ワイン倉、畑、小売店、料理用竈の近くで、アンケート調査をこまめに行い、最後に、記事にすべく事務所へと戻って行く。発見する者もいれば（たとえば、パリ十二区プラグ通り三番地にある**ターブル**の優秀なシェフ、ブルーノ・ヴェルジュが、自らのブログ「フード・アンテリジャンス」で見事に実践しているような）、告発する者もいる（たとえば、美食批評を専門とするジャーナリスト、わが友ペリコ・ラガッス〔1959－〕が、『アリアンヌ』誌のみならず、テレビ・ラジオでも行っている卓越した発言の数々）。また、調査・報告し、食のプロたちと語り合う者もいる（ラジオ局ユーロップ1とテレビ局ラ・サンクに登場したジャン゠リュック゠プティルノー、『レクスプレス』誌の美食批評家フランソワ゠レジス・ゴドリ〔1975－〕がラジオ局フランス・アンテルで行っている「美食探訪〔試食しに行く〕」など）。

パリの流行の店について、語り、驚き、評価し、序列をつける——第六章で述べたように——、格付けし、褒めそやし、からかう。これら同様、何より真実を暴き出すこと。それらを、逸材揃いの『フィガロスコープ』誌のチーム、中でも、自前の怪傑ゾロを装った才人エマニュエル・リュバンが実行している。クリスチャン・ミヨは、『幻のレストランガイド』（プロン社、

＊2　一九九〇年より「味覚の一日」を、九二年からは「味覚の一週間」（十月第三週）を提唱し、日本でも二〇一〇年より行われている。

二〇〇七年）で、リュバンを慇懃無礼に嘲笑している。時代迎合的で、流行ばかり追う、そのあまりに偏向した語り口に対して、エマニュエル夫人のTバック下着と彼のことを呼んで。また、「アッシュ・ムニュ（切り刻まれたメニュ）」のことも忘れてはならない。週ごとのテーマによって選ばれたレストランに関して、きわめて危なっかしくも、しかし時に成功を収めることもある文学的試み。記名は、私のかつての同僚、フランソワ・シモンの手による。彼はまた、『いかにして、それについて何も知ることなしに、自分を美食批評家であると思わせることができるか』（アルバン・ミシェル社）という滑稽な本の著者でもある。

過去と比較し、今われわれの生きる時代について語る。偉大な先人たちを引用し、アレクサンドル・デュマやブリヤ＝サヴァランにお出まし願う。こうしたことを見事にやってのけているのは、私の仲間、『ル・モンド』紙のジャン＝クロード・リボーである。彼は、ラ・レニエールを名乗っていたあのクルティーヌ（優れた技量を持ち合わせていない訳でないが、行きつ戻りつ直截に物を語らない術に長けていた）の後任者なのだ。リボーは私にこう言ったことがある。大新聞の夕刊に署名記事を書くたび、全国高校作文コンクールに入選した際の心境にしばし襲われる。というのも、読者は要求が多い。それだけ、文化的要因は読者にとって重きをなしているからだ、と。同様に、『ル・モンド』紙が発行する生活情報誌『ル・モンド2』のジャン＝ポール・ジェネは、食道楽を生きている実感を得る一時と評し、しかも、その例を挙げる術に長けている。ともかくもジェネは、ミラベル（アルザス・ロレーヌ地方のスモモ）の味が想起するロレーヌ地方での幼年期、今や思わず失笑してしまう左翼かぶれだった若き日々、ニースにあるネグレスコホテルのメインダイニング、マキシマンのもとでの見習い時代について、どこか意地悪な滑稽さをもって語るのである。これらはまた、気の効いた著書『食卓への道』（ウェベク社、二〇一〇年）に収められている。

要するに、どのような文体でも記事となり、しかも、あらゆる領域でそれが可能ということだ。変動する世界を省察すること。料理はもはや、ある特定の人々に帰属するジャンルではない。すべての人にとっての日常文法のごときものなのだ。女性テレビ司会者で美食批評家としても活躍するジュリー・アンドリュー（1974－）が、われわれの新たなカトリーヌ・ランジェ（1923－98、フランスのテレビ創成期を代表する女性アナウンサー・司会者）であるように。カトリーヌはいにしえのフランス放送協会（ＯＲＴＦ）で、レイモン・オリヴェとの味わい深い掛け合いを披露してくれた。そう、レイモン・オリヴェ。ジロンド県、ボルドーワインのグラーヴ地区にあるランゴン出身の偉大なるシェフ。あの**グラン・ヴェフール**（パリ一区）の。その美しいボルドー訛りは主婦たちを魅了した。それは、マリー・テレーズ・オルドネ（1938－）が一九八三年から一九九九年までＦＲ３テレビで放映された料理番組「銃士たちの料理」で、大衆迎合的なやり方で同じ鉱脈を掘り当てるよりずっと前のことである。つまり、料理はテレビの世界へと入って行った。しかも、至る所に。

そして、こう自称するのだ。「トップ・シェフ」、「天才シェフ」、「料理界に激震走る」、「シェフ、御意」、「存分に召し上がれ。もちろん」、「フォークとリュック（美味しいものと聞けば、地の果てまでも）」、「偉大なる食通」等々と。私はそれらをなおざりにしているのだろうか。おそらく。テレビの番組表は眩暈《めまい》を起こさせる。こうしたリストがともかくも証明してみせるのは、伝統というものが、テレビやラジオを通して、良き助言者のままでいるということだ。しかも、家族がお昼に一堂に会し、仔牛のクリーム煮込み（ブランケット）、雄どりの赤ワイン煮（コック・オ・ヴァン）、牛肉の赤ワイン煮（ブルギニョン）、仔羊の白ワイン煮（ナヴァラン）、ポ＝ト＝フ、ミロントン（ポ＝ト＝フで残った牛肉に酸味の効いたソースをかけ、グラタン風に焼いた料理）などを囲むことなど、もはやなくなってしまった時代に。

今後、料理は「伝統を重んじ」、「由緒正しき」やり方（もはや、レトロと言うことなかれ）が好まれるようになる。そして、われわれをとろ火で煮る時代へと連れ戻そうとする。研ぎ澄まされた歯、常に文句言いたげな顔つき、評価のための筆を失うことのない批評家は、このような光景を目にして、もはや何から手をつけてよいやら困惑するばかりである。

物書きという仕事

10

もし私が、批評家と記者との、美食批評家とテレビないしラジオの司会者との違いに気づいているとしたら、それは、前者すなわち批評家が評価、採点、序列をつけるという使命を有している点にある。それを先に述べて来た。しかし、批評家はまた、書く義務も負っている。

たとえば、ミシュランの匿名のインスペクターの方々が短い論評を口に出しても、とやかく言われることはないだろう。実際、すでにこの十年来、職業柄「大いなる沈黙」を課されているミシュランの人々に発言を許そうとして来たのだから（世紀が変わる前まで、ミシュランは星と代表的料理のみを記し、論評を避けていた）。講釈し、説明し、語り、証言し、共に分かち合わせることも、ほんの少しではあるが、ミシュランのインスペクターの役目という訳である。

それに対し、批評家というのは何よりもまず、書く人に他ならない。キュルノンスキの時代、批評家は軽妙なブールヴァール劇作者のようであり、マルセル・ルフ（『食通ドダン＝ブファンの生涯と情熱』ストック社、一九二四年）の時代は、教養溢れる小説家、すでにしばしば言及して来たアンリ・ゴーやクリスチャン・ミヨのような威風堂々たるペンの人の時代になると、文芸ジャーナリストの域に達した。もちろんまだ、右往左往の軽騎兵ベルナール・フランク[*1]（1929－2006）もいる。『安売り』、『氾濫の一世紀』といった作品の年代記作家であり、小説家としては『ねずみ』などがあり、ジャーナリストとしては『ル・モンド』紙と一九六四年創刊の左翼系週刊誌『ヌーヴェル・オブセルヴァトゥール』誌に書いた記事から選りすぐりのものを何巻もの本にまとめあげている。そんな彼もまた、フランソワ・ベッス作のガイド本『パリぶらり散歩』に出てくる曲がりくねった道のように、食について語ることを片時も忘れることはなかったのである。

書くという行為。それは、一息つく間をとり、語り、伝え、その際、言葉を選りすぐること。その言葉が、これこれの店のテーブルにつこう、あるレストランの扉を押そうという気にさせたり、させなかったりするのだ。それは、そこに何が隠されているかを見つけ出すため。そして実際、そこには偉大なシェフが潜んでいる。「この店はまわり道をしてでも行く価値がある」（ミシュラン二つ星店に与えられる表現）とか「このシェフは才能がある」と言うだけでは充分でない。それはなぜかを説明し、その店のスタイルを定義し、的確かつ正当なる称賛を与えることが必要とされる。こうして私は、ドミニク・ル・スタンクを驚嘆の念をもって見出した時のことを思い出す。それは、『ゴー＝ミヨ』のルポルタージュの仕事で、北ヴォージュ地方を食べ歩きしていた際に、偶然出会ったのだった。

実は、ロワール地方に属する大西洋に面したヴァンデ県にあるアンリ・ゴーの城館別荘にヴァカンスで訪れた際、働いていた若いシェフのことを知らせてくれた人がいた。ただし、その情報は間違っていて、アルザス地方のバー＝ラン県のコミューン、自然公園の一部で温泉地として有名なニーデルブロン＝レ＝バンのカジノ・バリエールにある店で偶然、彼を見つけたのだ。オマールのテルミドール風（オマールの殻に角切りにした身を詰め、ベルシーソース、チーズをかけ、グラタンにした料理）、トゥルヌドー（牛フィレ肉を輪切りにしたもの）ステーキロッシーニ風（フォアグラ、トリュフをあしらったもの）を含むメニュを一瞥しただけで、彼を近々別の場

＊1　作家・ジャーナリスト。一九五〇年代、実存主義への反動的作風の作家グループ「軽騎兵たち」のメンバーの一人。由来は、ロジェ・ニミエの『青い軽騎兵』（一九五〇年）による。中では、フランソワーズ・サガンが有名。フランクは、サルトルと知己を得る一方、右翼の論客『ドリュ・ラ・ロシェル』の評伝も書いている。

所で見かけることになるだろうと即座に確信した次第である。

実際、まだあのカジノの中のヴィンシュトゥブ（アルザス地方のワインと家庭料理の店の総称、ワインパブとも言う）にいると思っていたル・スタンクと再会したのは、パリ八区のフォーブル＝サントノレ通りにあるホテル、ブリストルでのことだった。それにしても、あのヴィンシュトゥブには驚かされた。明るく品のよい空間、手際のよいサーヴィス（ドミニクの妻、若き日のダニエル・ユセール。彼女は、ストラスブール近郊マルレンハイムのル・スタンクも働いていたことのある**ル・セルフ**というレストランを営む一族の娘。また、彼女の義兄、ブルトン人のイヴォン・ゴーティエは有名なグラン・メゾンで修業を積んだ能弁なソムリエ）、そして何より、その繊細かつ軽やかで、自由自在の料理に。

ここで、食事の詳細について語ろうとは思わない。それが目的ではないからである。それでも、必要とされる言葉を用いない訳にはいかない。というのも、グラン・ゼコール（高等専門学校、フランスのさまざまなエリート養成校、高等師範学校が有名）出身で、料理においてもきわめて知能の高さを感じさせるこの若者について語ろうとするなら、私の探求の主題である彼の作る滑らかなソース、短い火通しにふさわしい的確な形容詞、正確な表現を捻り出さねばならないからである。

その若者、ル・スタンクは、時代の流行の月並みな凡庸さを免れた。というのも、アルザス地方コルマール近郊イロイゼルン村にあるこの地方を代表する三つ星の名店**オーベルジュ・ド・リル**のオーナー、ポール・エーベルラン（1923－2008）、シャペル、世界的パティシエのルノートル（1920－2009）、ヌーヴェルの鬼才と呼ばれるアラン・サンドランス（1939－2017）のもとで仕事を覚えたからである。サンドランスはこの若者のことを「イエス」と呼んでいた。というのも、当時、ル・スタンクはうっすらと髭を生やし、天使のような面持ちをしていたから。何と！　それは今もあまり変わってはいない。さらに、言葉を用いる必要があったのは、私の書いたものこそが、ル・スタンクにとっての初陣、最初の「大々的に載った記事」であり、彼を世に送り出し、後に続く輝かしい経歴へと導くことになるからである。

そう、モナコのムーラン通りにあった**ル・スタンク**、エズにあるホテル**シャトー・エザ**（モナコから八キロ、標高四〇〇メートルの岩山の上にあるエズ村は別名「鷲の巣」村と呼ばれ、このシャトーホテルはスウェーデン皇太子ヴィルヘルムの別荘だった）、そして、ニースにあるネグレスコホテルのメインダイニング**シャンテクレール**（二つ星）の料理長へと。ネグレスコでは、有名シェフ、血気盛んなジャック・マキシマン（1948－）の後を継いだのだった。

しかし、その後、ル・スタンクは人の好いオーベルジュのおやじになろうと、星を捨ててしまったのだ。そして、ニースのラ・テラス通りに**ラ・メランダ**を開店。この小さな店は、藁でできた腰掛の上に真珠のネックレスが置いてあれば、営業中。つまり、予約は一切受け付けず

（事前に店に直接出向いて行った場合は除く）、電話さえ置いていないのだ。また、小切手もクレジットカードも受け付けない。

手つかずの情念を伝えるのにぴったりの言葉。それ以上手が込んでいる必要はない。そう、自分に言い聞かせる。しかし、誰もが前に進むことができるようにしなければ、とも。たとえば、読者諸氏がますますドミニクのファンになり、さまざまな回り道をする彼について行くようになれば、と。美食批評家がレストランのホールを無人にする力をもつ、と私は思わない。かつて、『フィガロ』紙のジャン＝ジャック・ゴーティエ（1908－86）が劇場を空にしたようには。しかし、批評家はホールを長きにわたり一杯にすることには一役買うことができる、と私は信じる。

実際、鳴り物入りで吹聴されたお気に入り＝一目惚れに似た、『フィガロ・マガジン』誌[*2]のモーリス・ボードワンによる大絶賛は、こうした力を有している。さらに、ブログの世界では、パリ十二区にある**ターブル**のシェフ、ブルーノ・ヴェルジュの周囲で叫ばれている感動、また、パリ二区の証券取引所近くにある**サチュルヌ**のシェフ、若きスヴァン・シャルティエの天才ぶりが、店を開く前から（！）口コミで話題となった。その結果、ノートル＝ダム・デ・ヴィクトワール通りの目立たぬファサードの奥に隠されたこの店は、始めた最初の週から、すでに満員の札を出す羽目になったのである……。

口の端に上ったものはすぐに過ぎ去り、書かれたものは残る。それは、今に始まったことではない。一九八六年十月二十七日に施行された英国の金融・証券制度の大改革、ビック＝バン前のロンドン、ヌーヴェル・キュイジーヌの流行る前のロンドン、つまり、霧の中、フィッシュ・アンド・チップスやベーコン・エッグの香りにいまだ浸っていた時代のロンドンを、ゴーとミヨが讃えた文章が残っている。それは、今も生き生きと思い出させてくれる。

一九六七年に開店し、一九八二年に英国初のミシュラン三つ星を獲得した、ルー家による**ル・ガヴロッシュ**の栄光を。一八二八年に創業したローストビーフの名店**シンプソンズ・イン・ザ・ストラッド**の「グレーヴィー」ソース（焼いた肉汁から作るソース）のことなど、まったく意に介さず。その代り、一八三〇年創業の精肉店**アレンズ・オブ・メイフェア**の「厳選された」「上質の」牛肉や羊肉、さらには同じ高級商業地区メイフェアの隣にある**ジョン・ベイリー・アンド・サンズ**の「もちろん金色の雉」への称賛はてんこ盛りにして。このように、ゴーとミヨはこの英国の首都に関する食の一覧表を作成した。それは、多彩で雑多、論争を巻き起こしつつもどこか滑稽でもあり、何とも食通にふさわしいものだった。そう、それは反対

＊2　coups de coeur. 直訳すれば、心（臓）への一撃。『ゴー＝ミヨ・パリ』、『ルベ』がハートマークで用いる。『ピュドロ』でもこの評価が用いられている。

のことを同時に言いさえする。

また、ロベール・クルティーヌは、『ル・モンド』の記者時代に書いた、『私の思う最も驚くべき食事』（ロベール・ラフォン社、一九七三年）で、常軌を逸した、めったにお目にかかれない実に奇抜な食事について語り、食通を夢見させるにふさわしい伝説の食事の数々を想像＝創造している。

パリ五区、セーヌ河のほとりにある一五八二年創業の名店**トゥール・ダルジャン**での、ド・ゴールの一周忌を祝うための祝宴。レイモン・オリヴェの、**グラン・ヴェフール**でのエイプリル・フールに食べる偽りのレヴェイヨン（クリスマスイヴや大晦日に行われる夜通しの祝宴）。アラン・サンドランスの、**アルケストラート**での「クルティーヌ風料理」（言い換えれば、成金の＝濃厚なテート・ド・ヴォー〔仔牛の頭肉〕。また、ユーモアのわかるクルティーヌだったら読者である君にこう尋ねるだろうか。「それはむしろ、お世辞《クールティザヌリー》なのではないか」、と）。ブルゴーニュ地方のブレス地区、鶏で有名なブール近郊の農家で、雪の中で供された昼食（「厳しい冬も雪崩のごとく消え去り《フォンデ》」）[*3]。こうして、われわれはいつの間にか、現実から架空の世界へと移動させられていたのだ。

確かに、クルティーヌのように夢見させるために念入りに書くこともある。しかし、批評家は、明確であり続け、真なる助言を与え、食事の構成《メニュ》から流行や今日の料理について説明する。

と同時に、時代の滑稽さを批判し、酷評するのだ。誤った名声、火通しのやりそこない、自然に反する取り合わせ、首尾よく行いつつも「的外れな」料理を供するシェフたちを。そして、ここにこそ見出されるに違いない。美食批評家という仕事が何の役に立つのか、が。

＊3　ヴィクトル・ユゴーの詩「贖罪」（一八五二年）の一節。学校で暗記させられるのか、雪と聞けば、フランス人はこのフレーズが思い浮かぶという。お菓子などに言う「フォンダン」は溶け去るという意味。

◎ゴー＝ミヨが見たロンドンの精肉店

アレンスとジョン・ベイリー・アンド・サンズ

一九七七年、ゴー＝ミヨが、彼らにとって異国的な都市、ロンドンについて語った際、ロンドンのもつ癖、伝統、短所、昔からの習慣を茶化しながらおおいに楽しんでいるのがわかる。しかし、疑いなく、この都市をこよなく愛した名文家ポール・モラン[*1]（1888−1976）の好敵手となるべく――モラン曰く、「ロンドンは私のお守り《マスコット》。そこから受け取ったすべてが私に幸運をもたらしてくれた」（『ロンドン』プロン社、一九三三年）――、ロンドンはこの二人に傑作を与えてくれたのだった。

その証拠として、ロンドンでもトップクラスの精肉店二軒に捧げられた珠玉の二篇を挙げておこう。この二軒、メイフェア地区にあり、ザ・コンノートホテルと対面するカルロス広場に面して、ほぼ並んで店を構えていた。ただし、留意すべきは、アレンスは今も存在するが、その隣人たるジョン・ベイリー・アンド・サンズは、フランスの高級トランクメーカー「ゴヤール」のブティックに代わってしまっていることであろう。

アレンス（マウント通り一一七番地）

ザ・コンノートホテル近くの洗練された店内で、白い前掛けをつけた貴族のごとき人々が切り分ける牛肉や仔羊肉はもちろん厳選されたもので、その血管には高貴な血が流れていたのでは、と思わず言いそうになってしまうに違いない。メイフェアの大邸宅の執事たちが、全権公使の面持ちで、主人の注文を告げにやって来る。

もし、店員による値踏みが気になるのなら、われわれはあなたにこうお薦めしよう。冠状《クーロンヌ》に並べられた仔羊の背肉を手に入れようと店を訪れる際は、王妃主催のガーデンパーティーに出かけるときの服装をして出かけるに限る、と。このクーロンヌ、戴冠式の王冠のように豪華なもので、あやうく自分の頭にのっけてしまいそうになるほどである。

---

*1　フランスの作家で外交官。『夜ひらく』（一九二二年）で一躍有名に。ヴィシー政権で外交官を務めたため、戦後スイスに亡命。滞在していたシャネルのインタヴューを行う（『シャネル　人生を語る』）。帰国後、一九六八年、アカデミーフランセーズ会員になる。

ジョン・ベイリー・アンド・サンズ（マウント通り一一六番地）

「デラックスな鶏」という表現が意味をなすなら、それはまさしく、一八二〇年来、猟鳥のバッキンガム宮殿たるこの店にこそふさわしい。肉をさばくための長テーブルの前で、消え去りし愛しき者たち——メイフェアでも最上流のお屋敷で出されるキャスロール（シチュー鍋）の中へと消えて行く——の写真や複製画で埋め尽くされた壁の前で、誰もが思わず躊躇してしまうことだろう。ここは古美術店なのか、それとも博物学者のコレクションの展示室、はたまた紋章学者の仕事場なのか、と。

ガラス張りのケースの中、もちろん金色で、軽い近視で少々腰の曲がった——上流のイギリス人にお似合いの——雉《きじ》が、赤雷鳥や地鴫《しぎ》と一緒にサロンを開いている。雉同様、これらの鳥たちもまた、はく製にされ、風貌からして、その氏素性の品質について何の疑問の余地もないものである。つまり、こうした家禽は、公爵ないし准男爵の猟園の中でしか見かける＝生まれることのないものであり、世界的に有名な猟銃ブランド「ホーランド・アンド・ホーランド」でしか仕留められることはないのだから。

汚れ一つない飾り棚にきちんと並べられた、ジョン・ベイリー・アンド・サンズの雄鶏は、自らの属する社交クラブでお茶の時間の前、まどろんでいる紳士のごとく、威厳があり、眠っているかのように見える。そこで、その容姿からして、充分見て取れること。それは、敬意を表される前に、生きながらにして、その命の灯を消すことになったことである。

さらに、小さな籠に入れてディスプレイされた卵たちもまた、もはやそんじょそこらにありふれたものではあり得ない。銀製のお盆、レースでできたランチョンマット、紋章入りの卵立てが必要とされるものなのだ。

——ゴー＝ミヨ『ロンドン』篇（『レ・ギッド・ゴー＝ミヨ』、一九七七年）

11

目玉焼きの詩学*1

すべてを、どんなことでも、ユーモアを欠かさず顧客を惹きつけ、食欲をかき立てるよう語る技。それこそが、アンリ・ゴーとクリスチャン・ミヨが現代の批評に寄与した点であり、二人は今もなお、その手本であり続けている。二人はものを見る目を養い、旅行の達人となった。ロジェ・ニミエ編集の『オペラ』誌、あるいは『パリ＝プレス』紙にたいへん真面目な記事を書き、同じ冷静さ、極上のアイロニーを保ちつつ、しかも変わらぬ上質さで、文学、観光といったことにも言及することができたのである。たとえ、二人の芸術の趣味、政治に対する見解、時代の雰囲気に対する思いがまったく異なっていたとしても。

ゴーとミヨは自らのやり方で、ある批評のスタイルを創り上げた。間違いなく、グリモ・

ド・ラ・レニエールの遺産（十八世紀末とミシュラン創刊の二十世紀の初め）、とりわけ、レニエールの『食通年鑑』から着想を得ている。この件については、後に述べることにしよう。

二人は食べることの技芸について語ることができた（前章の終わりでそれを見てきた）。注文靴職人、かつら師、紙漉き職人、モロッコ皮職人、宝石細工師、要するに、現代の男性女性のあらゆる必需品について語るがごとくに。ホテルについても能弁であった。才気活発で、容赦なく、反撃にびくともしない、意地悪にさえ思える物言いを駆使する術を知っていたのである。ロンドンにあるグロブナーハウス[*2]に関してこう記している。「だだっ広く。時代がかって、仰々しいこと、この上なし。ストの日のリヨン駅のごとし」、と。また、グロブナーハウス近くの、ハイドパークとバッキンガム宮殿の間というロンドン中心部でも絶好のロケーションにあるパークレーンホテルについても、「広大な空間の壁という壁からにじみ出る大粒の退屈さ。歩きながらでさえ、うとうとするのを我慢することができない」と厳しい。彼らが隙を見せる

＊1　フランスで目玉焼きと言えば通常、一人用の専用平皿に溶かしバターを塗り、卵を割り入れオーブンで焼いたもののことを指す。別名、皿焼き玉子。
＊2　一九二九年創業のホテル。一〇六六年、後のウイリアム一世と共に英国に渡った貴族グロブナー家。一七二〇年代、メイフェアの開発に端を発し、不動産業を始める。その邸宅の跡。

ことなど、ほとんどお目にかかることはなかった。

　そこで、無駄を一切省くミニマリスト仕様のゴー＝ミヨの批評の精華は、**ロティスリー・ペリグルディーヌ**に対する評価に明白である。当時、セーヌ河岸に面したサン＝ミシェル広場二番地にあったその店は、反動的な古典主義と度を外れた勘定書きの高さで有名だった。二人は一九七〇年版の『ギッド・ジュイヤール・ド・パリ』(ルネ・ジュイヤール社)で、潔くもこの店に二十点満点中、四点を付けてしまったのだ。しかも、短く、碑文の如き、簡潔ながら、どこかギクシャクとして、笑いさえ誘うコメントを付して。「われわれはもう二度と、この店を悪く言うことはないだろう。それはパリで最悪のレストラン、それはパリで最悪の、……それはパリで最も……それは……それはパリで最高の、それはパリで最高のレストラン……」

　しかし、たいていの場合、正確さ、皮肉、もったいぶりをないまぜにしつつ、苛立ちを証明しようと、ゴーとミヨは気を配っていた。かくして、一九九五年、アンリ・ゴーは『パリの外国料理レストランガイド』――この本はゴーの最後の傑作、白鳥の歌の趣がある。というのも、彼は四年後(二〇〇〇年)に亡くなってしまうから――では、「一人の熱き男《ワン・マン・ショー》」である自らの好みをはっきり言うのを躊躇うことはなかった。

　アルプス山脈の向こう側の国(イタリア)の料理の格付けにあたり、パリ十九区ビュット・ショモンにある可愛らしいトラットリアを、二十点満点中十六点をつけ、その頂点に据えたのだった（トゥネル通りにある**シェ・ヴァンサン**）。この店の「みすぼらしい店構え、惨憺たる室内装飾でさえ、引き立て役として役立つことだろう」、と。それに対し、たとえば、パリ十五区にある名店**ル・グラン・ヴニーズ**のような評判の店に、十三点しか与えなかった。「これ見よがしの豪華さ」、その料理は「見かけ倒しで、コッテリし過ぎ。料理の出来にムラがある」、と。

皆は知っていた。アンリ・ゴーという人は意地悪そうに見えるが、実はとても親切な人であり、他人に対して厳しいというより自身に対して人一倍感受性が強い人であったことを。だから、アラン・シャペルの作った鶏白レバーのガトー仕立てを前にして感涙にむせぶことができたのだ（「食通たちよ、跪くべし。シャペルは美食のカテドラルなり」を思い出していただきたい）。

また、ジャン・フェルニオ（1918–2012）は『時代遅れの堅物の手帖』（ロベール・ラフォン社、一九八〇年、「堅物」とはパンの皮のこと）をあえて世に問うた。フェルニオは、政治ジャーナリストで芸術的な文章の書き手だったが、実は彼こそ、「モノンクル（わが叔父）」のペンネームで『エクスプレス』紙に美食に関する記事を寄稿していたのだった。この『時代遅れの堅物の手帖』、フランス諸地方特有の美食に関する美徳、その豊かさ、遺産の多様性、才能の幅広さ、寛大さといったものの精華を集めた本といってよいだろう。

どじょう髭をはやし、食通特有の厚く突き出た下唇の持ち主だったフェルニオは、フランス北部のピカルディー、アルトワ、フランドル地方を逍遥した。ポワロねぎと玉ねぎをからかいながら、シャンパーニュ地方ではマルヌ県のコミューン、サント＝ムヌーで豚足を囲んで談笑し、フラッシュ＝コンテ地方では、ブルゴーニュの気軽なアリゴテに対するように、ヴァン・ジョーヌ（黄色ワイン）を幾分お世辞気味に褒めたたえている。ところで、サント＝ムヌーは、ルイ十六世（1754－93）が断頭台の露と消える原因となった土地である。よく知られた言い伝えによると、ヴァレンヌへの逃亡の際、この地の**オーベルジュ・ド・ソレイユ・ドール**に立ち寄り、豚足を味わってしまったのだ。[*3]

　その名に値するそれぞれの批評家が尊大にも書き記そうと固執するこの目玉焼きの詩学を、勝っているとは言わないまでも、フェルニオと同じだけの才気、熱意、誠実さをもって実践した者はおそらく一人もいないだろう。この政治記者はさまよえる美食家《ガストロノマド》の中でも最も高潔な人となったのである。フェルニオはアルベール・オージュローと共にオルレアン近郊のロワール渓谷を食べ歩いた。オージュローはメーヌ・エ・ロワール県のロジェ＝シュール＝ロワール村にあるレストラン、**ジャンヌ・ド・ラヴァル**の二代目で、ブールブラン（ソース）のアンジュー王子と呼ばれていたシェフである。[*4]

　さらに、フェルニオはあちこち地方を旅し、さまざまな報告を行っている。ノルマンディー地方の漁港フェカンやディエップ付近では鰊《にしん》について。プロヴァンス地方ではニンニク、さらにドーフィネ地方ではニンニク風味のじゃがいものグラタンについて。高原山岳地帯オーブラック地方のアリゴ（オーヴェルニュ地方の郷土料理で、トムチーズと熱いジャガイモを混ぜたもの）について。ピレネー山脈の麓ベアルン地方のガルビュール（ガスコーニュ地方の野菜とベーコン、コンフィなど肉の煮込み料理）について、アルザス地方ではベッコフ（ベクノフ、牛、豚、羊に野菜を加えたアルザス地方の煮込み料理）について。ルイ十四世とマリー・テレーズが結婚式を挙げたバスク地方唯一のリゾート地、サン・ジャン・ド・リュズの魚介の漁師風スープ、ティヨロについて。

フェルニオは郷土の伝統を守る良きシェフたちの伝説を朗誦し、その心の叫びを語り切る。「それを作る人々を愛することなしに、料理を愛することなどあり得ない」、と。そして、彼はまた擁護するのだ。エスカルゴ、養殖されたムール貝、カエル、さまざまなキノコ、牡蠣、羊、

＊3　ヴァレンヌ（逃走）事件。一七九一年六月二十日、ルイ十六世一行はチュイルリー宮殿から逃走。翌二一日、サント＝ムヌーに立ち寄ったところを気づかれ、ヴァレンヌで逮捕される。この逃亡劇は国民の怒りを買い、処刑へと立ち至ったと言われる。

＊4　一九二〇年開業のレストランで、店名はアンジューのルネ一世の王妃の名である。初代の名も同じアルベール。地元発祥のブールブランソースの名店として有名。三代目ミシェルになってレストランは閉店。ブールブランとは白バターソースの意で、エシャロットを酢で煮詰め、バターをホイップしながら混ぜ込んだソース。ロワール地方、ナントの主にカワカマス料理用のソース。

ありとあらゆるハム類、セルヴラ（香辛料の効いた豚の太いソーセージ、リヨンソーセージのこと）、暖かいソーセージ、鶏。それに、じゃがいもなら何でも。たとえば、ラート（そら豆を細長くしたような形をしており、皮も身も黄色っぽい。小型でたいへん美味。皮ごと調理して食する）、グルナイユ（ミニじゃがいも。皮は薄く、まるごと食べられる）、ピンチュ（長球形で皮も身も黄色がかっている。粉質タイプ）、ローズヴァル（長球形で身は黄色っぽい）、ヴィトロット（紫色のじゃがいも）といったように。

同様に、『ル・モンド』紙に長きにわたりラ・レニエールの名で記事に署名し、『ル・モンド』紙主筆のジャック・フォヴェ（1914－2002）をして皮肉交じりに「われらが最良の寄稿者《コラボ》＝対独協力者《ラトゥール》」と呼ばせしめたロベール・クルティーヌ（1910－1998）もまた、食に関する感動の物語の数々を、何にも動ずることなく、彼の守護神的デッサン画家デクロゾー（1938－）による挿絵入りの『一皿の料理をめぐって』（ル・モンド出版、一九九〇年）において語っている。*5

クルティーヌは人生の終わりに、いやその少し前から、もはやパリからヴィシーへ行くしかないと噂になっていた。その旅は彼になんらかの戦時中の記憶を思い出させることになるからだ。第二次世界大戦中、ドイツ占領下で親独ペタン政権が置かれた地ヴィシーへ湯治に出かける途中、ボワモランのレ・ベザール通りにある**オーベルジュ・デ・タンプリエ**（現在、日本人シェフ三浦賢彦によって一つ星）、ヌヴェール近くのマニ＝クール村の**アブソリュ・ルネッサン**

ス・ホテル、ムーランにある**ロテル・ド・パリ**に立ち寄りながら。
クルティーヌは件の著書で、ラブレー（1483?－1553）を引用しつつ（「すべてはトリップ〔牛や羊の胃腸の総称〕のために！」）、内臓料理を言祝ぎ、ジャン・ギャバン（1904－1976）が映画『殺意の瞬間』（一九五六年）でパリのとあるレストランのシェフを演じて作っていたプルーン入りのウサギのファルシ（詰め物）を称賛し、パリ八区フランクリン＝ルーズヴェルト通りにある**ラセール**の創業者ルネ・ラセール（1913－2006）によって創作されたアンドレ・マルロー（1901－1976）の鳩料理[*6]を讃えている（「内臓を抜き空にし、背肉は骨を取り除いておく。次に、いろいろなものが混ざった詰め物を調理する。ざっくりとサイコロ状に切られた生のラード・グラをソースパンに溶かし、細かく刻んだエシャロット、タイム、ローリエ、塩、こしょう、香辛料、豚のレバー、セップ茸を

＊5　クルティーヌは一九三〇年代、極右アクション・フランセーズのメンバーで典型的なコラボ（対独協力者）だった。一九四六年、十年間の重労働刑に処せられるも、一九四八年、ラジオでの公言をしないことを条件に復帰。一九五二年より『ル・モンド』紙にラ・レニエールの偽名で美食コラムを一九九三年まで執筆。
＊6　マルローは作家、ド・ゴール政権の文化相。マルローは文化相時代、エリゼ宮での閣議の後、十分ほど歩いた場所にあるこのレストランへと昼食を取りによく出かけた。好物の鳩をよく注文し、ラセールがそれに応えて創作した料理。

いためたもの。フライパンでソテーしたサイコロ状の鴨のフォアグラ。同様にサイコロ状に切って火を入れたサルシフィ〔西洋ごぼう〕。これらを詰め、形が崩れないよう紐がけして成形された鳩のファルシを、ソテパンに一かけらのバターと共に入れ、二十分オーブンで火を入れる。ソテパンに残った焼汁は辛口白ワインと少量のシェリー酒で鍋についたうまみ成分をこそげ落とし、ソースにする」)。

クルティーヌ、またの名をラ・レニエールと共に、美食批評家は歴史家となった。たとえば、カルパッチョの成り立ちについてどんな質問にも答えられるといった。この料理は、ヴェネチアにある**ハリーズ・バー**でその創業者ジュゼッペ・チプリアーニ（1900－1980）によって、アマリア・ナニ・モチェニーゴ伯爵夫人のために作られたのである。伯爵夫人は火を通した肉を食べることができなかったので、極薄に切った生の牛フィレ肉を皿の上に敷きつめた料理を思いついたのである。薄切り肉には、ウースターソース、ケチャップ、少量のコニャックで伸ばしたマヨネーズが全体に満遍なく塗られている。

そして、美食批評家はあらゆる料理について能弁になったのである。そう、ウェルシュ・レアビット（ビールを混ぜたチーズを塗ったイギリスの軽食用トースト）、ムークラード（オニス、サントンジュ地方のムール貝の白ワインクリーム煮）、サルスエーラ（スペインのカタルーニャ地方の魚介のスープ仕立て）、スカンピ（アカザエビ）のフリット、北京ダックについて。さらに、彼は一般家庭への料理の助言者の役割をも兼ね備えていた。こうして、ポーチドエッグ、半熟卵、スクランブルエッグ、エッグスタンドに乗せて供するスタイルといった卵料理は、クルティーヌから感動のかけらを引き出したのである。「これ以上シンプルなものはなく、にもかかわらず、何よりも繊細なるもの……だから、ムイエット（エッグスタンドに乗せて供する半熟卵に添える細切りトースト）は、食パンの柔らかい部分を細く裁断し、軽く焼き色を付けほんのり暖かい状態でバターを塗り、みじん切りにしたハーブをまぶしたものを用意しなければならない……」、と。

いつも苛立っている。それがクルティーヌにぴったりのイメージだった。たとえば、ある時、パリ八区のクランメゾンの老舗**ローラン**で支配人のエドモン・エルリッシュによって催された食事会の折に、隣に座った駐仏イスラエル大使に対して。大使は彼にこう尋ねたのだった。「あなたは『ル・モンド』紙にいらっしゃる。ということは、社会主義者であらねばならないはずだが」。すると、クルティーヌ、誇らしげにこう答えてみせたのだった。「ええ、国家＝社会主義者ですけど、何か」、と……。第二次世界大戦末期、ヴィシー政権の元首ペタン、首相ラヴァルらが避難していたドイツのジークマリンゲンで、オットー・アーベッツ（1903－1958、駐仏ドイツ大使）やルイ＝フェルディナン・セリーヌ（1894－1961、作家）と束の間の仲間だったクルティーヌは、戦後、ルクセンブルグ近郊のクレルヴォーの牢獄で六年の刑に服した後、食に関するジャーナリズムへと転職した。というのも、新聞の他の欄を執筆することを彼は禁じられていたからである。

それでも、彼は自らのスタイルを生み出した。そして、四十年（一九五二〜九三年）にわたり、『ル・モンド』紙のグルメ欄に君臨したのだった。それはひとえに、クルティーヌ自身のものである語り、整理・分類し、説明し、助言する才能の賜物である。確かに、それはもはやほとんど本の中でのみの旅であり、あらゆる地方のシェフたちから彼へと送られてきたレシピを用いて『郷土の料理』（一九八九年）を再創作したに過ぎない。しかし、クルティーヌは多くの本によって培われた多彩な教養の持ち主で、とりわけ『バルザックの食卓』（一九七六年）、『メグレ夫人のレシピ帖』（一九七四年、ラ・レニエール名で出版）で、能弁で多彩な文章を書くある種のセンスに長けていた。そしてまた、実践的教育者としての才にも。いずれにせよ、クルティーヌにはわかっていたのだ。美食批評は、自らのテリトリーの外へと出てこそ、その株が上がるということ、を。

作家ジャック・シャルドンヌ（1884－1968）が愛について言ったように（「愛より遥かそれ以上のものである」）、美食批評ももちろんまた、客を顕揚、擁護することであり、人生という長編小説、日々の物語、日常の詩学、そして、あらゆる事柄に応用され得る曇りなきまなざしなのである。

一皿で完結する料理、万歳！

「モノンクル（わが叔父）」のペンネームで『レクスプレス』誌にグルメ記事を書いた、郷土との絆を再び深める料理の公然たる信奉者、流行、とりわけ都会の気まぐれを信用せず、フランスの各地方を象徴する料理を褒め称えるジャン・フェルニオは、その著書『時代遅れの堅物の手帖』における、一皿で完結する料理（一つの料理でさまざまな食材が堪能できるもの、和食でいう「鍋」のようなもの）への見事な頌歌《しょうか》によって、われわれの心を揺り動かすことに成功した。さっそく耳を傾けることにしよう。

ルイ十五世とポンパドゥール侯爵夫人の夕餉は、四種のポタージュ、八種のオードブル、四種の大ぶりのアントレ（ローストの前、三番目の料理。現在の前菜に該当する）、四種の中位のアントレ、八種のロティ（焼き物）、四種のサラダ、八種の温かいデザート、四種の冷たいデザートからなっていた。

この時代、高貴な人々は監獄でさえ、御馳走を食べることができた。百科全書派の作家、批評家のマルモンテル（ジャン・フランソワ、1723－1799）は、とある中傷文に導かれて、ある時、自らバスチーユ牢獄で兵役につくことにしたと語っている。その文面とは、「素晴らしいポタージュ、実に美味なる牛もも肉の薄切り、去勢した雄鶏のもも肉、油が滴り落ち、口の中で溶けるその肉汁、揚げたアーティチョークをマリネしたものの小皿、ホウレンソウ、クレザンヌの美味なる洋梨、生食用ブドウ、ブルゴーニュの古酒のボトルに最上のモカコーヒー」

一世紀の後、市民階級が財産と職能をもって食卓を勝ち取った時も、いまだ食事は量が多いままだった。それは、一九〇〇年代のパリの高級レストランのメニュを見れば、一目瞭然である。

しかしながら、御馳走が民衆化するにつれ、次第に料理の皿の数は減っていった。アンシャンレジームの時代、貴族階級と自由平民が飲み食いしたものの間に、価格とカロリーとの一種の均衡状態が生じる傾向があったかのように。

財布に多少とも余裕がある時、平民は自分の生まれ育った土地の料理を食した。フランス料理の堅固な基盤は、女性たちの行き届いた配慮のもと、小集落の炉床で作られた田舎料理から形成されていった。そのおかげで、魅力にあふれ、画一化することのないそれぞれの地方の人間集団同様、フランス料理もまた、いまだ多様性に富んだものであり続けている（また、このことに常に注意を払えば、今後もフランス料理は多様性に富んだものであり続けるであろう。というのも、フランス料理を成立させる諸条件は、こうした多様性あってこそ、充実したものになるからである）。

　こうしたフランス料理を、われらがフランス現代文学者の中できわめて魅力的でありながら、最も知られていない作家の一人、かの驚嘆すべき作家・詩人ジョゼフ・デルテイユ（1894－1978）は、「旧石器時代的」と呼んだ。彼は、ラングドック地方での幼年期、三つの料理しか知らなかったと回想している。それらは、スープ、フリカッセ（鶏、仔牛、仔羊など白い肉の煮込み）、そしてロティ（直火ないしオーブンで焼いた肉料理）である。そこで、彼は自らこう記している。

「それゆえ、一皿で完結する料理、万歳！」、と。

　そう、この祝福されるべき比類なき一皿料理は、藁葺き家のものであって、城のものではない。われわれは事の進展をそちらへと導いて行ったのだ。つまり、多くの場合、経済的＝節約《エコノミック》料理。より稀ではあるが、食養生《ダイエット》の料理。いつ食べても美味しい料理。結局のところ、「コンヴィヴィアルな（和気あいあいとした）」料理ということになる。

はじめにポテ（豚肉と野菜の煮込み）ありき。滋養に富んだいと美味なるブイヨンの中に肉と野菜を伴って。不遜にも、福音主義者をからかって、と言われるに違いない。しかし、『にんじん』、『博物誌』で有名な作家ジュール・ルナール（1864－1910）の妻、マリネットも「ポ＝ト＝フ」について言っていたではないか。「内閣のように、そのすべてが沸き立っている」、と。

フランス本土最北部ダンケルクからフランス南部ペルピニャンまで。フランス西部ブレストからフランス最東の都市ストラスブールまで。そのどこにも、偉大なる一皿料理は存在する。そう、三つの要素（スープ、野菜、肉）が一皿の中で三位一体となって。その上、素材の多様性によって、それだけで完結するその地方特有の一皿料理の見事な成果が必ずや、そこには伴われているのである。

ジャンボノー（塩漬け豚すね肉から作られるハム）やラール（ベーコン）の大理石、ソシス（ソーセージ）の琥珀、ブーダン（豚の血と脂肪の腸詰め）やクネプフル（つくねのような団子状のもの）の黒檀がはめ込まれた黄金のシュークルート（乳酸発酵させたキャベツとそれを使った料理）、南西部アリエージュ県の町ラヴラネやパミエ産のインゲン豆のしなやかかつ官能的な抱擁の中で、ガスコーニュ風鴨のコンフィとトゥールーズ風ソーセージがことこと煮えるカスレ（ラングドック地方の料理。白インゲン豆を羊、鴨、豚肉などと共に陶器製鍋で煮、最後に表面に焼き色をつける）、ポ＝ト＝フが肉の代表的一皿料理だとすると、その魚版とも言える、それぞれ一定のスタイルをいくらか慎重に踏襲しつつ、口に到達する前に、鼻に食欲をそそる香りが何とも言えぬブイヤベース、玉ねぎとニンジンがとろりとしたソースと澄んだ煮こごりの中で相乗効果を発揮して輝く温製あるいは冷製ドーブ（肉や魚を蒸し煮する調理法）、仔牛肉に旨味を与えつつも、一抹の味気なさをも残すという実現不可能に思われるパフォーマンスを成し遂げたブランケット。これらの一皿料理に、一連の「料理を供すること」を先行させる必要などあろうか。

フランスの一皿料理のみならず、外国由来のそれでさえ――クスクス（北アフリカ、マグレブ諸国の料理）、パエリア（スペイン、バレンシア地方発祥の米料理）、ボルシチ（ロシア、ポーランド、東欧諸国の煮込みスープ）、グーラーシュ（ハンガリー発祥のパプリカ風味の牛の煮込み）……――、私見によれば、他の料理の助けを求める必要なしに、空腹とそれを満たす手立てとを同時に与えることのできるものなのだ。

遥か昔から変わらぬカン風トリップ（ノルマンディー地方西部の都市名のついた、牛の胃をシードルで煮込んだ料理）の得も言われぬ香り、あるいは、奔放かつ滑稽で風刺の効いたラブレ風というより、ちょっと酸味の効いた仔牛のマレンゴ風（鶏肉または仔牛肉をソテし、白ワインで煮た料理）のトリップとまったく同様、涎を垂らさんばかりの香り、あるいは、薪の火の上で、レンズ豆入りサレ（ペリゴール地方の豚の塩水づけ）の寸胴鍋が歌を口ずさんでいる暖炉を思い出させる田舎風の香りで、私の食欲がかき立てられたところで何になろうか。そう、つまるところ、私の胃がいくつかの「前菜《アントレ》」を平らげる前に、もうわずかたりとも先の皿へと進むことができなくなってしまったとしたら、メインの料理で嗅覚を楽しませたところで何になろう。

ベクノフであれ、仔牛の頭であれ、ワテルゾイ（鰻を加えて作る、ブイヤベースに似たフランドル地方の魚料理）であれ、ブルゴーニュ風牛の煮込みであれ、他に何も出されなかったとしても、自分の望むだけ、一度、二度、三度とお代わりさえできれば、何の問題もない。しかし、それでもやはり、チーズのためのわずかな余裕が残されるべきであると、私は確信する。

――ジャン・フェルニオ『時代遅れの堅物の手帖――美食家によるフランス一周の旅』
（ロベール・ラフォン社、一九八〇年）より

12

夢見させ、垂涎させる

夢見させ、垂涎させ、食に関し知るべきことを与え、甘く官能的な夢想を招き、想像力をかき立てる。これらがグルメ批評に課せられた仕事のいくつかであることは明白である。新たな発見を渇望する一文無しの若き読者、手元不如意の学生だった私は、『ゴー＝ミヨ』にすっかり魅了されたことを思い出す。当時の偉大なるシェフ、スターシェフたちをあますことなく見出し得たと錯覚したものだ。

そう、ポール・ボキューズ（1926－2018）、**ロアジス**のルイ・ウティエ（1930－）、ミシェル・ゲラール（1933－）、アラン・シャペル（1937－1990）、パリ郊外ブージバルにある**カメリア**のジャン・ドゥラヴェーヌ（1919－96）、パリ五区にあった**ドダン・ブファン**のジャック・マニエール（1923–91）、イル＝ド＝フランス地域圏のコミューン、メゾン＝ラフィットの**ラ・ヴィエユ・フォンテーヌ**（アルページュのアラン・パッサールが修業した）で二つ星をとった、フランソワ・クレール、フランス南西部オーシュにある**オテル・ド・フランス**のアンドレ・ダガン（1935–）といった人々である。贅を尽くした、しかしどこかいびつ《バロック》な邸宅レストランの数々。それらを『ゴー＝ミヨ』のテクストを通して知った。翼の生えた、熱く、スピード感のある、食通ならではの、甘美で、能弁で、高揚感に満たされた文章によって。

その名にふさわしい批評家とはもちろん、読者を垂涎させられる者。つまり、読者に知る機会を与え、批判精神と機知をもって食事させることのできる者のことである。ちなみに、批判精神と機知は同じことではない。想像し、夢見る機会を与え、自身の殻から出て、他なるものへと赴くよう読者を仕向け、ありえなさそうな場所で散財させ、たとえ想像の中であっても、遠方の地へ旅行しようという気にさせる。私はそのため、一九八〇年代、当時を代表する幾人かのシェフの名を挙げた。ある者は今は亡く、またある者はすでに引退した。一方、相変わらず同じ店で現役で活躍している者もいる。友となった者もいれば、叔父、さらには図らずも代父のような存在となったシェフもいる。そして、彼らの夢見させ、垂涎させ、想像力をかき立てる能力は失われることはなかったのである。

批評家は、これらシェフたちを称賛すると同時に、彼らを刺激する者でもある。そしてまた、シェフたちが分かち与える喜びへの解釈格子やアクセスコードを提供する者でもある。批評家はいわゆる状況判断の誤りを正すため、自らの言葉を選ぶすべを知らねばならない。

「もし、野菜料理一皿のために車を二時間走らせることができるなら、あなたはわが意にかなった食通である」。クリスチャン・ミヨはマルク・ムノー（1944－）についてこう記している。ムノーはブルゴーニュ地方ヨンヌ県の中世の面影を残すヴェズレ（世界遺産）の麓のサン＝ペール村で、**レスペランス**という三つ星レストランを営んでいる。彼がミヨをあっと言わせたのは、野菜のジャルディニエール（三～四センチの拍子切りにする切り方。園芸家の意。通常、肉料理の付け合わせ用温野菜）として供された、いくらか人参を加えたシンプルながら驚くべきフライパン一杯分の食通のためのグリンピースだったのだ。それは二十年以上も前のこと。まだ、ビオ（有機）だの、野菜、天然などという語が流行っていなかった時代。少なくとも、これらの言葉は万能薬ではなかった。そして、二十点中十八点で三トックだったマルク・ムノーはこの年、十九点、四トックへと昇格したのだった。それはまた、こうした事がいまだ意味をもち、格付けが尊敬に値すると同時に追従されるべき時代であった。

その後、高得点が続出する評点のインフレ状態が起こった。マルク・ヴェイラ[*1]（1951－）に二十点中二十点が付いてしまったのだ。ヴェイラ自身がこの件を嘲笑したほど。しかし、その場にはもう、クリスチャン・ミヨもアンリ・ゴーも立ち会ってはいない（ゴーは二〇〇〇年に死去し、ミヨも一線を引退。二人は満点をつけることなどあり得ないと公言していた。その後、この件について触れるたびに気分を害することになり……)。さらには、シェフおよび人材の多様化がますます大袈裟な賛辞を増長させ、エスカレートさせる原因となっている。こうして、流行の最先端を行く究極の天才を探しに、世界中へ足を運ぶ羽目になる。

スペインはフェラン・アドリア(1962－)の**エル・ブジ・デ・ロザス**(二〇一一年閉店)、英国はキッチンの錬金術師の異名をもつヘストン・ブルメンタール(1966－)のロンドン近郊バークシャー州ブレイ・オン・テムズにある**ファット・ダック**、カリフォルニアはトマス・ケラー(1955－)の、カリフォルニアワインの名産地ナパ・ヴァレーにある**フレンチ・ランドリー**、デンマークはレネ・レゼピ(1977－)のコペンハーゲンの**ノーマ**。さらに忘れてはならないのは、オーストラリアは和久田哲也(1959－)のシドニーの**テツヤズ**、イタリアはナディア・サンティーニのロンバルディア州マントヴァ近郊カンネト＝スール＝オリオにある**ダル・ペスカ**

＊1　香草の魔術師との異名をとる。スイスとの国境、オート＝サヴォワ県の県庁所在地アヌシー近郊、ヴェイリエール＝デュ＝ラックにある**オーベルジュ・ド・レリダン**と同県モンブランの麓、メジューヴで冬季のみ営業していた**ラ・フェルム・ドゥ・モンペール**というヴェイラの三つ星二店が二〇〇四年、共に『ゴー＝ミヨ』で満点を獲得した。なお、現在は共に閉店。

トーレ。さらに、ベルギーはピーター・グーゼンス（1964－）のオースト・フランデレン州クラウスハウテムにある**ホフ・ファン・クレーヴ**。ルクセンブルグはイラーリオ・モスコーニのルクセンブルグ市にある**モスコーニ**と**ミ・エ・ティ**の二店も落とす訳にはいかない。

夢見させることが重要なのであり、それは今も変わらない。そう、夢見ることで現実逃避する錯覚を与え、たとえ実行に移さずともグルメ旅行した気にさせるということが。そして、そのためにはあらゆる手段、誇張表現、命令、熱狂的賛辞を用いるとよい。たとえ、決して過ちを犯すことがない人が、いの一番に私を非難したとしても。

それは一九九七年のことだった。『ル・ポワン』誌へ——私には何の後悔もない——スペインのカタルーニャ州コスタ・ブラバのロザスにあった**エル・ブジ**ブームのはしりに、「ロザスの魔法使い」というタイトルの記事を書いた。さらに、**ファット・ダック**のヘストンには「ブルメンタール・マジック」、トマス・ケラーについては「未来のロビュションはアメリカ人である」との記事を。その結果、私はアラン・デュカスから叱られる羽目になった。私の記事の題名と内容がアメリカの『グルメ』誌で非難されたのだ。デュカスはこの雑誌で、記事のテーマについてこう私を叱責したのだった。「もし、君がわれわれより外国人の方がすぐれているとのたまい始めるなら、フランスの料理人たちは失職することになるだろう」、と。私は「国家反逆」罪を犯してしまったのだ！

他方、シドニーの哲也の記事にはシンプルに、「オーストラリアのごちそう爆弾」というタイトルを付けた。そして見出しには、「日本生まれながらフランスの影響を受けた新世界のグルメスター、和久田哲也はシドニーまで旅した甲斐があった」と書いた。また、イタリアのナディア・サンティーニに対しては、端的に「世界で最も優れた女性料理人」と公言。そして、ピーター・グーセンスには控え目に「フランドルの巨匠」と。しかし、末尾にこう付け加えるのを忘れずに。「たとえこの巨匠が、狡猾な無垢さで、当惑させるような慎み深さをもって、税関吏ルソー[*2]の如き者を演じたとしても、**ホフ・ファン・クレーヴ**がヨーロッパで最も優れたレストランの一つであることに変わりはない」、と。最後に、イタリア系ルクセンブルグ人モスコーニに対しては、「イタリア以外で最良のイタリア料理店」と的確に評した。そして、こう詳説したのである。「パリ－ルクセンブルグ間の旅へ（今や二時間十分ほどで）赴こうと夢見るに違いない。モスコーニの若鶏のレバーパテ、白トリュフのクリーム風味、焼きポレンタ添え。マッケローニ・ア・ラ・キタッラ、モツァレラと香草と共に。あるいは、マグロ、アサリ、シチリアのパンテリア島産ケーパーの塩漬、ポッタルガ・ムッシーネ（ボラのからすみ）の入っ

＊2　フランスの日曜画家として有名なアンリ・ルソー（1844 － 1910）のこと。実際は、一八九四年に退職し、絵に専念し、代表作は皆、退職後のもの。

たトレネッテ（リグーリア州ジェノヴァ産の細く平たい乾燥パスタ）を食するために」

このような批評を書く目的は。もう、おわかりだろう。貯めた金をかき集め、スーツケースに荷物を詰めて、夢の実現を思わせる旅に出かける気にさせるため。あるいは、もっと簡潔に、夢見させ、その気にさせ、食欲をそそらせるために、である。そして、それこそがまさしく、美食批評家の真の役目。食通、読者、同僚、兄弟のような仲間たちに分別ある熱狂を巻き起こし、その心の中に羨望をかき立てること。垂涎させるも、しかし極めて合理的なやり方で。

読者が自身の殻から出て、習慣の規則正しさを中断させるよう仕向けること。それは他ならぬ、世界各地へと足を運び、思慮に富み、臨機応変なる味の判定をするだけの価値があり、その行程が晴れやかなものとなるような天才的な食の酔狂者を読者に発見させるためである。

◎見出されるべき二つの世界

カリフォルニアのトマス、そしてカタルーニャのフェラン

　ここに引用する二つの記事は私自身の手になるもので、共に『ル・ポワン』誌に掲載された。それはフランスで一般に知られるより前に、輝かしい未来を運命づけられていた二人の偉大なシェフについて言及したものである。

片や、トマス・ケラーは当時、ヨントヴィルで**フレンチ・ランドリー**を営んでいたが、間もなく、ニューヨークに**ペル・セ**を開店することになる。そうして、二店で三つ星を獲った最初の外国人シェフ（この場合、アメリカ在住のアメリカ人シェフという意味で。このようなことは決してよくあることではない）となったのである（二店で三つ星を獲ったのはデュカス、ヴェイラ、ロビュションに続いて。しかし、ブラジエ母さん[*1]を忘れてはならない）。

他方、**エル・ブジ**は、シェフのフェラン・アドリア（1962－）と支配人でオーナーのジュリ・ソレール（1949－2015）の二人組がいまだ、世界中からの称賛を得るに

至っていない時代であった[*2]……。

次なるロビュションはアメリカ人である

それは厳かに、コルネ状にして供された生サーモンを細かくたたいたタルタル（タタール風、元来は生の牛挽き肉料理）から始まった。次に、ピーマンのクレーム（ポタージュ・クレーム。ピュレにクリームを加えてのばした料理）、続いて、もう一つのフェンネル（ウイキョウ）のクレームが、共に白い大皿で供された。さらに、カナダのユーコン州産のジャガイモの小さなブリニ（ロシア発祥の塩味パンケーキ）、茄子のキャヴィア仕立てと共に。トマトバターとピーマンのコンフィ。タップナード（黒オリーブ、アンチョビ、ケーパーで作るプロヴァンス地方のペースト）を添えたフヌイユ（フェンネル）の冷たいシャーベット、最後にエストラゴン（キク科の多年生の香草）入りのチュイル（薄い瓦型の焼き菓子）。

ポーション（料理の分量）は非常に小さい。ソムリエはまるでハーバードの学生のよう。では、支配人は？　**トゥール・ダルジャン**で修業した——レストランスタッフで唯一の——フランス人の古株である。客はというと、九〇パーセントがアメリカ人。几帳面にも皆、二カ月も前に席を予約してからやって来る。建物は？ワインカントリーに鉄道が敷設された時代に作られた石と木からなる簡素な小別荘。売春宿だった時期もあったが、その後、フランス式クリーニング店となり、そこからレストランの名が付けられた。

われわれがいるのは、ナパ・ヴァレーの中心。ごく近くに、モンタヴィ、ニーボーム＝コッポラといったワイナリーがある。これらのワイナリーは、一流のワインを生み出すため、最新の現代的設備を備えている。しかし、そうした上質なワイ

＊1 実は彼女こそ、ミシュランで初めて、二店で三つ星を獲得した。**ラ・メール・ブラジエ**（ブラジエ母さん）を営んでいたのは、ウジェニー・ブラジエ（1895 – 1977）。リヨンのロワイヤル通りにあったその店は、一九三三年、三つ星に。彼女は史上初の三つ星女性シェフとなった。その後、リヨネ山地のコル・ド・ラ・リュエールの支店も三つ星となり、彼女は最初の六つ星シェフとなったのである。

＊2 **エル・ブジ**がミシュランで三つ星を獲得したのは一九九七年。ピュドロフスキが以下の記事を書いたのと同年のことであった。その後、二〇〇二年、二〇〇六年〜二〇〇九年に世界のベストレストラン五〇の第一位となったが、二〇一一年、閉店。

ンに相応しい高級レストランをこの地は欠いていた。しかし今や、偉大なるトマス・ケラーの**フレンチ・ランドリー**がある。

ケラーは四十四歳。ニューヨークのウエストベリーにある**ポロ・ラウンジ**で修業した後、パリにあるリッツ＝エスコフィエ料理学校のジェレミー・アーチャーの推薦で、**ギー・サヴォア**、**ジェラール・ベッソン**、**タイユヴァン**といったパリの名店で研鑽を重ね、ニューヨークに**ラケル**、次いでロスアンジェルスに店を開いた。そして、五年後、ヨントヴィルに腰を落ち着けたのである。

カリフォルニア生まれのケラーは、自身の原点に立ち還ったのだ。また、自ら料理することを決してやめない。店を大きくしたらどうかと持ちかけられたとき、逆に、客へのサーヴィスが低下すると考えるような男だ。そこで、店の営業は平日の夜のみ、六十席限定。それなら、二十一時三十分以降、客をもう一回転させたらどうかと言われ、もちろん、ケラーはその法外な提案を拒絶した次第。こうしてもちろん、毎晩、店は予約で一杯。

ベルナルドーの印のある食器の中には、名工の手になる芸術品とも言える料理のみが。味わい、色彩、ぶれのなさを巧みに操る技の数々。しかし、カリフォルニア料理特有のゴテゴテした気取りもなければ、流行りのエスニック風を混ぜ合わせたりもしない。その創造性と小さなポーションで思い出されるのは、スペインのロザスにある**エル・ブジ**のカタルーニャ人フェラン・アドリアである。この二人には、近年のロビュションに見られる厳格さと、ジラルデ[*3]の孤独者の精神を合わせ持つという共通性がある。こうした参照は決して取るに足らぬものではない。

さて、料理について評すれば、最初に必ず出される、タピオカとキャヴィアと共に供されるゆで牡蠣を味わうだけで充分であろう（この料理は「真珠」の組成とその言葉遊びからヒントを得ている[*4]）。つまり、ロビュションからインスピレーションを得た、キャヴィアとカリフラワー入り牡蠣のジュレのパンナコッタ（クリーム〔牛乳〕

＊3　フレディ・ジラルデ（1936－）、フランス国境スイス西部ヴォー州の寒村クリシェ生まれ。地元で開業。ジラルデは自身の料理を「キュイジーヌ・スポンタネ（自発的料理）」と呼んでいる。

＊4　この料理こそ、ケラーのスペシャリテ「牡蠣と真珠」。副題は「パール・タピオカのサヴァイヨン、マルベック産の牡蠣とオセトラキャヴィアと共に」である。ここで言われている「組成」とは、牡蠣の中に真珠ができること。また、「言葉遊び」とは、小粒のタピオカのことを、タピオカ・ペルレ（パール）＝真珠状のタピオカと言うこと。

とデンプンを一緒に煮て固めたイタリア菓子）とでも形容できようか。

そして、料理は以下のように続いていく。サーモンの背肉、トリュフとニョッキを添えて。鱈《たら》のほほ肉、ラタトゥイユと共に。鰻はしょうゆ味で、野菜のジュリエーヌを添えて。骨髄のフランあるいは卵の殻の中に白トリュフと黒トリュフのフランを別々に。アーティチョークのサラダ、アーティチョーク入りヴィネグレットソース。白いんげんとトリュフの入ったリコッタチーズのラヴィオリ。フォワ・ド・ワのオ・トルション、かぶと洋ナシのジュレと共に。オマール海老のビート風味、ポワロ葱のラヴィオリ添え。鱈を二種のじゃがいも（キャベツを入れ煮たものと蒸したもの）と共に。野兎のコートとラーブル、トリュフ入りキャベツを添えて。パッションフルーツのソルベ、黒米と共に。ヴァニラプリン。そして最後に、焼きバナナ、チョコレートムースケーキと共に。

また、これらの料理に合わせたカリフォルニアワインは、女性醸造家、ミラ・クラインの手になるセリーンのソーヴィニヨンブラン（白）、ペッツ&ホールのシャルドネ（白）、そして、ボルドーの銘酒シャトー・ペトリュスのオーナー、クリスチャン・ムエックスのドミナス（カベルネとメルロ、赤）であった。もちろん、どれもフランスでいうグラン・クリュ（特級）に相当する。

ところで、世界で最も優れたシェフの一人がアメリカ人だとしたら、いったいどこへ出かけたらよいというのか。

ザ・フレンチ・ランドリー：ヨントヴィル六六四〇番地（アメリカ／カリフォルニア州）

――ジル・ピュドロフスキ『ル・ポワン』一九九七年三月二十七日号より

ロザスの魔法使い

道は無いに等しい。どこにも通じていないのでは、と思われるほど。でこぼこ道は穴と瘤の収集をしているかのようだ。周辺の道沿いには、近代的な建物がポツポツと。カダケスやジローナといった町からもさほど遠くはない。しかし、ここにはただ、その場所を示している粗末な木の標識があるに過ぎない。そう、カラ・モンジョイを。

これは悪い冗談ではない。**エル・ブジ**に三つ星を与えたミシュランガイドを筆頭に、こんな所にまで貴方を連れて来ることになった人々に、悪態をついたところで無駄である。

このエル・ブジというレストランの名は、ブルドックのことを「ブル」と呼ぶことのスペイン版のようなもので、「雄牛」という意味でもある。エル・ブジはスペインで三つ星の栄誉に輝く三番目の店となった。一番目は、バスク地方の中心都市サンセバスチャンでアルサックを営むバスク人、ファン・マリ・アルサック（1942－）。二番目は、サン・セローニでエル・ラコ・デ・カン・ファベスを開いたもう一人のカタルーニャ人、サンティ・サンタマリア（1957－2011）である。

車を走らせた末に現われる海や海岸の見事な景色にもかかわらず、エル・ブジは本当にカタルーニャ的と言えるだろうか。それより、エル・ブジは他の惑星からやって来た未確認飛行物体、グルメ隕石のようなものである。その料理は理解不可能なものではないが、異なっているのは確か。

そうしたエル・ブジを支える二人の仕事人。まず、オーナーで支配人のジュリ・ソレール（1949－2015）。麗しき郷士《イダルゴ》に相応しい容姿の持ち主で、広報を担当。そして、もう一人が、創意あふれるスペイン人シェフ、フェラン・アドリア（1962－）。もちろん、祖国で修業を積んだものの、わかりきったことだが、他の場所で、とりわけ、多くのフランス人シェフと知己を得ることでその才能は開花した。それは、ブラス、ローランジェ、ヴェイラ、パッサール、ガニェール、など。インスピレーションを求めて、「自ら足を運ぶ」のが、まさしくアドリア流である。

アドリアの料理には、未来志向的で新奇、超現実的で意表を突くところがある。こうした傾向は、まさしく同郷のミロやピカソ、隣人ともいえるダリといった画家たちと共通するものがある。では、彼の料理はこれら画家たちに何かを負っているのか、と聞かれれば、それさえない、あるいは、それはほとんどないと言えるだろう。他のシェフたちの味覚と対峙することで、フェラン・アドリアが理解したのは、因習にとらわれることなく、思うがまま自ら創作すればよいということだった。

こうして、彼の料理の皿の数々は地方色豊かなものでもなければ、大地に根差したものでもなく、グローバルで、実に現代的なものとなっている。そこでは、冷製が温製に勝り、とりわけ低温調理（ミジョテ、長時間弱火で煮込む調理法）が好まれる。こうした特徴は、ムニュ・デギュスタシオンを構成する信じられない数の一連の小さなポーションの料理群の中に見出されることとなろう。このおまかせコース料理は、自国の星付きの店に慣れているフランス人の食通にとって、天使のような値段という訳にはいかないが、かといって、破産するほど莫大な支出とも思われないだろう。

さて、食した料理はと言えば、ピスタシオの天婦羅。パルメザン（チーズ）のアイスクリーム、同じパルメジャーノ・レッジャーノの入ったテュイルを添えて。トウモロコシのスフレ入りフォアグラのフラン。キャラメリゼしたうずらの卵。他でもない海水をサイフォンに通し、次に燻製室に入れた燻蒸された泡がクルトンとオリーヴオイルと共に供される（空気を飲み込んだと思うに違いない。しかし、感覚的には美味しいのだ）。フロマージュ・ブラン、シェリー酒風味のブイヨンと共に。ハムとパッションフルーツの入ったグリンピースのゼリー固め。トマト風味のトリュフ、牛乳のジュレと共に。揚げアーティチョーク入りオムレツ、ヴァニラ風味。鰯をマンゴーのタリアテッレと共に。漬けたセベット入り鱈のスープ（素晴らしい。ほとんど田舎風）。ココナッツ、セーシュ、大豆、杜松《ねず》の実の入ったラヴィオリ。アカザエビをセップ茸と共に、オリーブ風味で。セップ茸入りイル・フロタント。海の幸を海水のジュレと塩漬けフランボワーズと共に。ひめじはピスターシュ（カタルーニャ地方名物の煮込み料理）の煮汁をソースに。骨髄のフランにキャヴィアを乗せて、カリフラワーのピュレ添え。

そして、ようやく甘いものの側に。キャラメリゼしたパイナップル入りヴァニラアイスクリーム。チョコレートのスープにチョコレートを浮かべて。

そして、これらの料理にはとりわけ見事なスペインワインを合わせて。グラン・カイスのシャルドネ。リオハ（スペインの赤ワインの代表的産地）からはコンティーノ・グラシアーノ、ペスケラの赤、さらにまた、デザート用に、カタルーニャの血を引くフランスの隣人アンドレ・パルセの作るバニュルス・リマージュも。パルセは百戦錬磨の**エル・ブジ**支持者でもある。

こうして、海に面した見晴らしのよい湾の牧歌的風景の中、田舎の領主の屋敷跡という佇まいでありながら、超一流の食事を堪能できるのももっともなことと納得されるに違いない。

では、よく言われるような実験室の料理だろうか。確かに。では、挑発的行為なのか。おそらく、それは違う。というのも、味は適度かつ的確、ピタリと決まっているからだ。たとえ、時折、余分な味わいが乗っかり過ぎることがあるにしても（グリンピースのジュレに無駄なパッションフルーツといったような）。また、フランやジュレが、時に少しばかり過度に目の前に現われることがあるとしても。それでもやはり、ここには、稀にみる創造力あふれる人物の料理が存在していることに変わりはない。

偉大なフランス人シェフたちもまた、それを知り、ロザスの魔法使いへの巡礼を果たそうとこぞって、ここ**エル・ブジ**へとやって来るのだった。かつて、信者たちがサンティアゴへの道を歩んだように。

エル・ブジ：カラ・モンジョイ　ロザス一七四八〇番地（カタルーニャ州ジローナ県／スペイン）

——ジル・ピュドロフスキ『ル・ポワン』一九九七年六月二十八日号より

13 知られていないことと高名なこと

私はあなたのために食べ、あなたの代わりに食事する。そして、客の擁護を確約するのだ。私は客の衛立、防御幕であり、客の身と心、とりわけお腹と味覚を守る者である。そう、私はあなたの食の喜びの案内人。要するに、私は自分が訪れるそれぞれの店で、あなたの代わりをしているのだ。あなたに代わって押したいと思うレストランの扉を、私は開く。そして、万事がうまく行っているかどうか、注視する。給仕人の上着は清潔か、店の床はきれいか、食卓の調度は整っているか、空調に問題はないかどうか、と。

私は店の前に置かれたメニュをじっと見つめる。じっくり観察し、たいてい即座に何を食べようか決める。あなたが選びそうな料理を私は自分に頼む。実際、私は自問したりしない。あなたが何を選ぶか見抜いているからだ。私はあなたの目に見えない代弁者。時折、これ、それを食するようあなたに命じ、知らぬ間にあなたは自ら進んでそれに応じてしまいそうになる給仕人に対して、あなたを守る者。作家フィリップ・ドゥレルム（1950－）が、最近の著書の一つ『日の当たる道』（ガリマール社、二〇一一年）で、「三つ星の悪夢」について語っていたではないか。そう、あなたに課され、それを装わねばならないあの恍惚状態について。そして、ゴテゴテした装飾、仰々しいサーヴィス、もったいぶった支配人、知識のひけらかしであなたをクラクラさせるソムリエ、料理を持ってくる際、厚かましくもあなたの会話をさえぎるシェフ・ド・ラン（サーヴィス責任者）の存在。

　顔が知られていないとしたら、大方の人に対して、私はあなたの代弁者となることができるだろう。幸運なる匿名性の中に紛れ込むことによって。私はこう自分に問えばよいのだ。もしこれがこの店での初めての食事だとすれば、自分はどう振舞うだろうか、と。あなたがいっそう気に入りそうな店を尋ねることを、私はためらわない。

　また、私がロワールのワインが好きだと言っているのに、最近流行りのラングドックやローヌ渓谷といった南仏地域のワインを押し付けようとするソムリエをからかうのもやめない。さらには、その日の気分、あなたの気分、それゆえ私の気分に従って、口中にえも言われぬ余韻を残す高貴なるボルドー、あるいは、すでに森の下草の香りも漂う、フランボワーズの香りが可愛らしい魅力的なブルゴーニュが、今日の自分の食事にはいっそううってつけということもあろう。そう、それはあなたの食事に他ならない。

私はあなたの代弁者である。あたかもあなたであるかのように、私は行為する。そこで、私はたくさんのことを知ろうとする。敵をやり込めるため、冷えたワインを勧められたなら、間髪入れず、はっきりこう言うのだ。「そう、では十三度でね」、と。さらに、もう少し要求するなら、ワインクーラーを用意するよう頼む、求める、いや命じるだろう。

そして、今度はあなたの番だ。あなたはそうすることが望ましい。そうではないか。なぜなら、私がなすのは、あなたの欲望の先取りより他の何ものでもないからである。しかし、親切心から私はそうしたことすべてを行っている。どうすることもできない給仕に強制し、気持ちをくじき、いら立たせ、うんざりさせ、動揺させようと努めている訳ではない。

四十年前から、この分野の第一人者《チャンピオン》は私の同僚のフィリップ・クーデルクと決まっている。以前は、『ミニュート』紙のコラム「良き人生」で――まさしく、彼のことだ――、ラジオ局フランス・インテルで、現在は、週刊誌『ヌーヴェル・オプセルヴァトゥール』誌、週刊経済誌『シャランジュ』誌で活躍している人物。彼は、上手に取り繕われたサーヴィスを粉砕するのをやめない。

そう、一流店に出入りするようになったばかりの人物と**レ・タブレット・ジャン＝ルイ・ノ**

ミコに出かけたときのこと。ノミコは**ラセール**(パリ八区、現在一つ星)、**ラ・グラン・カスカード**(パリ十六区ブローニュの森内、現在一つ星)でシェフを務めた後、パリ十六区ビュジョー通り十六番地、**ラ・ターブル・ド・ジョエル・ロビュション**のあった場所に自らの名を冠した店を構えたばかりだった(現在一つ星)。そこにわれらの友、フィリップ・クーデルクがいた。フィリップはホールの奥にあてがわれた席を快く承諾してみせた。ところが座るや否や、照明が強過ぎる、ホールに背を向けているではないか、両サイドを他のテーブルに挟まれてしまっていると不平を言い出した。それならと、部屋の中央にある広い丸テーブルを、と店の者が提案した。しかし、それでは人目に晒されすぎで、照明の真下ではないか、と。では、快適な隅の席はいかがですか。いや、そこは諸事の動線から少し離れすぎてしまっているので駄目だ……。

こうして、フィリップは苛立つ。思うに、わが友フィリップがご機嫌だったのは二十年で四度だったのではないか、と。永遠の若者のような身体の線、血圧の高そうな痩身で、「決して満足することのない者」の嘲笑を浮かべるクーデルク。彼は、自らに課されたルールを決して受け入れず、これからも受け入れることのない人物の役を完璧に演じている。もちろん、それがどうしていけないというのか。そのようなルールはあくまで他者のものに過ぎないのだから。

おわかりと思うが、批評家は実のところ、決して知られていない訳ではない。たとえば、プラザ・アテネ(ホテル、パリ八区モンテーニュ通り二十五番地)の中庭で、レストラン支配人のドゥニ・クールティアードに会った時のこと。彼は二十年来、アラン・デュカスのもとで働いていて、この十年ほどはプラザ・アテネにある**レストラン・アラン・デュカス**（オ・プラザ・**アテネ**、三つ星）にいた。すると、クールティアードはからかうようにこう指摘したのだ。「ほら、あそこにあなたのお仲間のフランソワ・シモンが。まったくのお忍びのようで」、と。常に目立たず、仮面をつけたような、いないかのごとき面持ちで、その道の白馬の騎士＝救世主であることを明らかにせんと努めるこの人物シモンに関して、ことは滑稽、それどころか、茶番としか言いようがない。まあ、それ以上は言わないまでも。

身分を隠すこと。よろしい、それについて話すことにしょう。もちろん、それができれば、模範的な慎み深さをもってレストランを判断することができるだろう。誰もあなたのことを知らなければ、皆と同じようにサーヴィスされるに違いない。何の特権もなく、しかも、おそらくはあまりよくない席で。

では、映画「ル・グラン・レストラン（高級レストラン、邦題名「パリ大混戦」）」での主演ルイ・ド・フュネス（1914－83、フランスを代表するコメディアン）のように普通の人を演じることで、わずかばかりの自虐性をもって、なぜ批評を行わないのだろうか。フュネスの演じる主人公は、さして勤勉でもなく口だけは達者な従業員たちをギャフンと言わせるべく、偵察を兼ね、念入りに変装して（とりわけ、カツラを着用して）、自分の店**シェ・セプティム**に食事しに出かけたのだった。そして、こう尋ねたのだ。「彼はいらっしゃらないのですか。セプティムさんは」、と。しかし、シェフがあなたのことを知っていて、あなたがいることをわかっていたとしても、料理は同じで、才能が急にシェフにふって湧いてくる訳でもない。まさに、あなたあるいは私のために、シェフが別の食材、たとえば、より新鮮な舌平目、もっと立派なオマール、旬のイチゴを買いに出かけることはないのだ。

それどころか、私は知っている。それが称賛であろうとなかろうと、ともかくも批評家の見解に動揺し、さらには明らかにうろたえてしまうシェフがいること、を。そして、そうしたシェフは、混乱の種をまく人が調査をしに今、店にいることを明かすことなく、スーシェフ(二番手)に料理を作らせておこうと決め込むのだ。

美食批評家のレストラン訪問は、視学官の学校視察にたとえられるのが常である。視学官は教師と生徒の前で、つまり、堂々と顔を隠すことなく、授業を検分しに来る者のことである。著名であれ、無名・匿名であれ、批評家、調査員たる者は誰であれ、よそよそしさ、誠意、判断能力、公平さ、さらに厳格さをも備えているものだ。そして、招待されていようと、シェフが払っていなくても、判断は客観的なままでなければならない――高級店は招待し、零細店は払ってもらうという暗黙のルールがあるのだ。「偉大な店は偉大なものらしく、小ものは小ものなりに」、とポール・ボキューズが語ったように――。

私はすでに、訪れた店を酷評し、降格させ、その評判を傷つけ、思い悩ませ続けてきた。多くの場合、その対象は有名店であり、その他の店はそれ程でもなく。それは、『ピュドロ・パリ』のその年の「何か変わったことは？」の項に注意を払うだけで充分理解できよう。これから長々と続く店の評価の一覧を理解し、明らかにするため、『ピュドロ・パリ』は、この「何か変わったことは？」から始まる。**タイユヴァン**（二〇〇九年版では三つ皿）から八区マリニャンホテル内にあったアラン・デュカスプロデュースのフュージョンレストラン**スプーン**（同じく二〇〇九年版で皿割れ＝期待外れの評価）、まで。**ラセール**（二〇〇九年版で三つ皿。現在一つ皿）から**コンティ**（十六区ロリストン通り、イタリア料理の名店。現在に至るまで一つ皿）まで（これらはすべて高級店である）。

一方、ポケットマネーで食べに行く店は、いつのことであれ、お薦めできる店に決まっている。世に知られているかいないかは関係ない。今週出かけたのは、十五区の素晴らしい**キャセ＝ノワ**（くるみ割りの意、ラ・フェデラシオン通り）、九区の美味しい**ラプ**、そして魅力的な一区の**国虎屋2**（ヴィエド通り五番地）。

つまり、批判的判断および評価による階層性《ヒエラルキー》の制定にとって重要なのは、ひとえに質なのだ。それについて人がどう思おうとも、勘定書など大して重要ではない。というのも、私は実際のところ、一度も支払ったことはない。『ル・ポワン』誌はもとより『DNA（アルザス最新ニュース)』紙や『ロレーヌ共和主義者』紙も同様、先立つものなくして詮索好き、発見好きなこの蟻のごとき勤勉さなくしては決してなし得ないことを知るメディアは、私にその費用を支払ってくれるのだ。美食批評家とはそのような存在なのだ。立て替えた分を全額払い戻してもらえる、それが私の特権である。

しかし、観賞するため金を払う演劇、音楽、映画、舞踏評論家をご存じだろうか。また、書評する本を自ら購入する文芸評論家を。かつて、書評担当者にあえて本を買わせ、寄贈=献本を拒否した出版人を一人だけ知っている。彼の名はジョゼ・コルティ(1895－1984、一九二五年にシュールレアリスム関係の出版社を設立)。コルティは、シュールレアリスムとドイツロマン主義からの影響を受けた幻想的作風で知られるジュリアン・グラック(1910－2007)の出版人であった。『胃袋の文学』(一九五〇年)、『森のバルコニー』(一九五八年)などで知られるこの作家は、一九五一年に『シルトの岸辺』でフランスで最も権威ある文学賞、ゴンクール賞受賞が決まったが、それを辞退した。それにくらべ、誰がジョゼ・コルティを知っていようか。そして、彼はどうなったのだろう。

無名であれ著名であれ、匿名であろうと世に知られていようと、感心されようとうるさがられようと、立替分を支払ってもらえ、招待してもらえ、代金を支払ってもらえるプロの批評家が報告をなすべきは、ひとえに読者に対してである。批評の宛て先はまさしくあなた、親愛なる洗練された食通、倹約家の大食漢、さらに精通した食い意地の張った人物に他ならない。つまり、あなたのために批評家は仕事する。批評家の役割、それはメニュを通してあなたを待ち受ける喜びあるいは地獄を描き出すことで、あなたに気に入ってもらい、承認してもらうこと。

批評家の責務、それは正確、誠実、明晰、明快であること。長所と欠点を吟味すること。料理の出る順序、実食した感想だけでなく、内装、給仕、もてなし、ワイン揃えについても的確に言及すること。要するに、あなたの立場に立つ＝代わりになること。有名であれ無名であれ、誰かに招かれる側であれ招く側であれ、ビジネスランチに、恋人とのデートに、仲間や家族との食事に、あなたの身になって、あなた自身どう在るべきかを考える者。

それゆえ、美食批評家はあなたにとって最良の代弁者である。すなわち選択し、えり分けを行い、勘定書の総額を考慮し、件の質／価格／快適さの関係性が尊重されているかどうか評価する者なのだ。美食批評家なしに、警告、正義、真理は存在しない。あなたの思慮分別の守護者であり、成功した夜の食事の推定上の保証人《ソワレ》である。

◎名士であることの苦悩

ロベール・クルティーヌ

世に知られ、評価され、認められ、賞賛されることは必ずしも良いことばかりではない。その証拠として、ロベール・クルティーヌによって――楽しそうに――語られる三つ続きの掌の逸話を挙げることにしよう。

クルティーヌはまたの名をラ・レニエールといい、四十年にわたり、『ル・モンド』紙でグルメ欄を担当していた。そして、この逸話は、彼の告白本『私の最も驚嘆した食事』の冒頭で、面白おかしく披露されているものである。

われわれの誰もが記憶を呼び集める。キュルノンスキはまさにその第一人者だった。彼は私に昔語りをするのを好んだ。戦前、とあるリヨンのレストランオーナーが「驚くべきブイヤベース」をキュルノンスキに試食させようとした時のこと。日取りを決め、到着してみると、ホールを埋め尽くす群衆を目にして、いかばかり驚いたことか（思うに、キュルノンスキは友人の作家・ジャーナリスト、マルセル・

グランシェ〔1897－1976〕と一緒だったのではないだろうか）。実はこの群衆、宣伝ののぼりで呼び集められた者たちだった。「今晩、美食のプリンス[*1]、キュルノンスキはわれらがブイヤベースを食することとなった」、と。

レストランホール中央に、リングのようなロープで取り囲まれた貴賓席が設置され、テーブル一つに椅子と食器、ナイフ・フォーク・スプーンが二人分用意されていた。歓声の中、プリンスとお仲間は登場させられ、お待ちかねのブイヤベースが運ばれて来た。人々は彼らがそれを食するのを固唾をのんで見守った。まるで、動物園で動物がえさを食べるのを観察するかのように。ところが、件のブイヤベース、あまりに凡庸で、キュルノンスキの当てこすりはますます耐え難いものとなった。

再び、キュルの登場。今度はブルゴーニュ地方コート＝ドール県モンバールでの一夜。私と共に人の良さそうなシェフの客となった時のこと。シェフといったら、馬鹿がつくほど丁寧に振舞うかと思えば、軽い会釈。まるでモリエール風のバレエ

＊1　一九二六年、『ル・ジュルナル』、『ル・マタン』両紙が最高の美食家を選ぶアンケートを実施し、キュルノンスキが選ばれた。その称号。

を観ているかのよう。すぐにピンときた。シェフはプリンスのため、新たに料理を創り上げたところだな、と。

さっそく、鱒《ます》が運ばれてきた。その可哀そうな生き物は、中にフォアグラのパテを詰め込まれ、揚げたバナナにくるまれていた。それが輪切りにされたオレンジの上に載せられているのを目にしたとき、そこに感じ取れるのは、幸運とは程遠い、諦念に他あるまい。われわれは賞味した。いや、実のところ、噛まずに飲み込み始めた。キュルはテーブルのもう一方の端から、生まれ故郷アンジュー地方特有の「r」を巻き舌で発音する美しい声で私にこう呼びかけてきた。「うわっ。ねえ、君。こりゃ酷い」

私は目にしてしまった。ドアのわずかな隙間から、トック帽をかぶったシェフがわれわれの満足する顔を待ちわびているのを。シェフに対し、私は心苦しく感じたが、プリンスは正しかった……あるいは、ほぼ正しかった。というのも、実際、人が残念に思うのは、気にも留められないことだからだ。何であれ、驚きはまだそれよりはまし、ということである。

私はもう一つ、意外な出来事を思い出した。キュルとの共通の友人、ボクシングチャンピオン、ジョルジュ・カルパンティエ（1894－1975）と私がパリ郊外のオーベルジュに出かけた時のこと。大柄なオーナーが家族全員で、申し分なく花で飾られたテーブルの前で待ち構えていた。オーナーが言うには、「当店のシェフはアメリケーヌの王《ロワ》と呼ばれています。お二人は鮟鱇《あんこう》がお好きと伺っておりますが」

確かにわれわれの好物。鮟鱇は好きである。ただし、魚が新鮮で、アメリケーヌソースが食するに値する場合に限る。ボクシングをしているとき以外は温厚なカルパンティエが優しく呟いた。「とても美味しい。でも、何か飲むものがないと」、と。ソースがわれわれの口中に引き起こした火事を鎮火させるためには、そうするしかなかったのである。

そこで、オーナーは白ワインのボトルを開けさせた（ボトル一本はグラス七杯分だというのに！）。そして、注意深くそれを注いだのだった。そのボトルがブルゴーニュのグラン・クリュであることを気づかせんがために。彼はこの古いボトルワインについて詩情さえ交えて語り出した。ああ、その詩の朗唱のワインの格より高尚なことよ。というのも、このブルゴーニュ、実は飲めたものじゃないほど酸化した安物だったからだ。

次に遭遇する羽目になったのは、シュークルート。味のない野菜はべちゃべちゃで、豚のすね肉のハムはまずまずだった。ようやく、食べるのが少し楽しくなり始めた。どうか、おかわりを。しかし、ハムは一枚だけだった。残った肉が取り合いになるといけないと思ったのか、皿が再びわれわれにまわってくることはなかったのである。そして、フロマージュによって、それを埋め合わせることさえ、われわれは許されなかった。ほんの一切れあるかないかのまったく少量のフロマージュ。大勢の飢えたる者たちの物欲しげな目を恐れて、それほどまでに小さくしてしまったのだろうか。

フロマージュの後デセールが出たが、これもまた残飯より酷いもの。その後すぐ、太ったオーベルジュの主人はわれわれを、丸いベッドの置かれた「このオーベルジュで最も美しい部屋」を見せに連れ出した。すると、地元紙のカメラマンたちが突然どこからともなく現われ、カルパンティエとこの私めにフラッシュをいっせいに浴びせたのである。われわれの写真は、この安かろうまずかろうオーベルジュの広告を飾る地元紙に掲載された。この店の料理、私たちをたった一ラウンドでノックアウトした。ただものではない」

——クルティーヌ（ラ・レニエール）『私の最も驚嘆した食事』
（ロベール・ラフォン社、一九七三年）

14 汝自らを知れ

私はすでにそのことを雄弁に語ってきた。でも、確認しておこう。そう、私はあなたのために選んでいるのだ。それでも、あなたが私のもとへやって来るのがわかる。なぜなら、すべてはセッティングした機会、偶然の機会、時候、費やされた時間、食事を分かち合うよう運命づけられた会食者次第だからである。

私はあなたの問いに答える者である。たとえば、こういった類いの。「私は夫と二人きりで誕生日を祝う食事をしたいのです。夫のことはご存知のはず。彼が食通であることをよくおわかりか、と。うわべだけのものを忌み嫌い、実直で生気に溢れた料理を愛する。上質の食材しか受け付けない。ごてごてしたものが嫌いで、最新の流行の店を好むのですが」。あるいはまた、「私は家族の内祝で、八名招待できる店を探しています。どうか、一人五〇ユーロまででお願いします。快適な空間でアットホームな雰囲気の店が希望です」、とか。

私はそれぞれの人にあった言葉と店の住所を見つけ出さねばならない。たとえ、ガイド本、ブログ、ピュドロ・アイフォンといったアプリでこれらの問いに返信したとしても、何の効果もない。人々が求めているのはこの私なのだ。口コミで広がり、私も言及したため、その話題の子豚にいまだほんのわずかな人しかありつけていない最新の店。あなたがたの中に、私にその店へ予約の電話を入れるよう頼んでくる人がいるが、私はそれを許している。さらには、常に満席で予約をとるのが至難の業という店に、たとえば、土曜の晩、私の名前を引き合いに出して、強引に席を懇願したり、平然と要求しさえする人々も大目に見ている。**ムーリス**（パリ一区、現在二つ星）、**ルドワイヤン**（八区、現在三つ星）、**ギー・サヴォワ**（現在は六区で三つ星）といった名店から、何度電話がかかって来たことか。男女問わず私のいとこと名乗る人物から、私からだといって電話を受けたのですが本当ですか、と。いったい、どれだけいとこがいれば済むというのか。

しかし、私はまた、自分がそうしたことに役立つのを充分承知している。私はレストランの扉を開けることができる。私の名は、「開けゴマ」と同じ呪文のようなものである。昼も夜もすでに予約で埋まっていて満席の店に、たまたま予約がとれるか問い合わせた私の名前が記録に残っていることがある。すると、たいがい、すぐにか、せいぜい一時間以内に、遅くとも翌日には電話がかかって来て、満席状態は解消したので、ご来店をお待ちしておりますと告げるのである。そのたび、無いはずの席をどのようにして空けることができたのか、訝しく思う。テーブルをいつもより増やすのか。壁を押し広げるのか。はたまた、かつて、ジョエル・ロビュションがロンシャン通りで**ジャマン**（パリ十六区、後にレイモン・ポワンカレ通りに移転）を営んでいた時代、私に冗談交じりに言ったように、「日本人の予約席を取り消してしまう」のか。

私がそれに乗じることはほとんどない。というのも、席が必要なのにそれが埋まって無い店で、私は「ナイフとフォークを突き立てる（無理矢理、食事する）」類いの人間ではないからだ。しかし、私もあなたと同様、長々とした予約待ちリストを見せびらかす店には猛攻をしかけたり、どれか一つの予約を確実にするために、ダブル・トリプル・ブッキングをすることもあり得るのである。

かくして、ある日、あの**アストランス**（パリ十六区ベートーヴェン通り、三つ星）から、あなたの予約は「首尾よくいった」、「数に入れられた」、「喜んでお待ち申し上げます」等々と告げる電話がかかってくることになる。二十二名分の席しか用意されておらず、土・日・月定休で、二月末から三月初め、八月中の長期休暇、さらにクリスマス休暇まであるあの店からである。

ただし、食事に出かける当日は充分にお腹をすかしておかねばならない。あなたとうっとりするような食事をする空間のために念には念を入れて準備された魅力的で偉大なる料理が、ポーションこそ小さめであるものの十皿も続く饗宴のために。というのも、確かに美味ではあるが、良くも悪くも一長一短の十皿のデギュタシオンコースしかメニュに載っていないからである。

しかし、**アストランス**はあくまで例外だ。同じようなデギュスタシオン・スタイルの他のいくつかの店、たとえば、どちらもパリではあるが、アドリーヌ・グラタールの**ヤムチャ**（一区サントレノ通り、現在一つ星）やシカゴ生まれのダニエル・ローズの**スプリング**（一区バイユル通り）といった口コミでたいへんな人気となり、ウンザリするほど長く待たねばならない店に関しては、残念ながら、私はあなたに何もして差し上げられないのである。

しかし、肝要なのは、この章のタイトルにもあるように、汝自らを知れ、つまり、あなたは自分が何を欲しているか自覚する必要がある、ということだ。今日の昼あるいは今晩、それとも、明日、来週、さらにはこの週末、あなたが探しているのは、今流行りのこじんまりした日本料理店、上質のイタリアン、和気あいあいとした中華、知る人知る――そして申し分ない――小さなベトナム料理店、それとも、皆が鼻で笑うビストロ・ガストロなのかを明確にすることである。

ちなみに、パリのビストロ・ガストロと言えば、七区マラー通りの**ラミ・ジャン**（『ピュドロ・パリ』一つ皿)、五区ポントワーズ通りの**イティネレール**(一つ星)、十四区ジャン・ムーラン通りの**ラ・レガラード**、六区ロデオン四つ辻にある**ル・コントワール・デュ・ルレ**、十七区ロージェ通りの**ラントレジュ**といった店がグルメ記者からの称賛を独り占めにしている。

そう、うっかり忘れるところだった。**ル・パントリュシュ**(九区ヴィクトール・マセ通り)、**シェ・グルヌイユ**(九区ブランシュ通り)、**ル・ブール・ノワゼット**(十五区ヴァスコ・ダ・ガマ通り)、**イエール・エ・オジュールデュイ**(十七区ソシュール通り)、**ル・ヴュー・シェヌ**(十一区ダオメ通り)、**ル・キャス=ノワ**(十五区フェデラシオン通り)、**シェ・ミシェル**(十区ベルザンス通り)、**ル・ブション・エ・ラシェット**(十七区カルディネ通り)、**フィルー**(十区リシュラン通り)。

これらの店も皆、値段は控えめながら明らかな上質さを失わず、コストパフォーマンスに優れ、多大な出費をせずとも食の喜びを味わえるその方針に対し、絶えざる称賛と適切な論評が喝采のうちに与えられる価値がある。

これらビストロトノミの店では、室内装飾はあまり重要ではない。「私はカーテンを食べに来たわけではない」。これは、「小さな店(箱)」への愛を自ら断言したキュルノンスキが語った言葉である。周囲がずいぶん騒々しく、テーブルクロスがなく、常に雑然としている。これらの店の多くに共通する特徴である。

しかし、何が重要なのだろうか。要は、散財することなく、安上がりさもなくば適正価格で、食事を楽しむことができればよいのである。つまり、ワインは料理に見合った価格帯のものが選ばれ、フレンドリーなサーヴィス。メニュ代わりの黒板は日々更新され、食材は新鮮な旬のものを。コンセプトはともかく食事を楽しむ、つまり、一時の幸せを与えること。「食卓とは、最初の一時間、決して退屈することのない唯一の場所である」、ブリヤ＝サヴァランがこう喚起していたではないか。

15 著名な先達たちについて

ガストロノミ（美食）というフランス語がギリシア語の「ガストロノミア」（「お腹の掟」）から生まれたのは案外最近のことである。このガストロノミという語が最初に見出されるのは、十九世紀のまさしく初め、一八〇一年に公刊されたジョセフ・ベルシュー（1765－1839）[*1]の筆になる『ガストロノミあるいは食卓についた野に生きる人』であると言われている。

この作品は四編の教訓詩からなっており、当時の人々の食の喜びと共に古代の料理についても言及している。また、劇作家ギュダン・ド・ラ・ブルネルリ（ポール＝フィリップ・ギュダン、1738－1812）の三編の詩からなる『天文学』（一八〇〇年）、さらにはドゥリル神父（1738－1838）の『野に生きる人』（一八〇〇年）の作風を模倣したものである。ここでベルシューは、ありのままの食通の美徳、さらには、充分考えられ、アイディアに富んだ食の喜びが与える温かく打ち解けた雰囲気の美徳を讃えている。
この『ガストロノミ』は仰々しく、こう開始される。

「われ、食卓の人を詠う。そして、その術を語らん。
そう、食事を美しきものにする術を。また、われ、秘訣を語らん。
愛すべき饗宴の喜びを増し、
その場で友愛の絆を固きものにし、絶えずその場を楽しむ秘訣を……」

そして、次の軽妙で快活なアフォリズムをもって締め括られている。

「詩など、宴にはまったく及ぶまい」

＊1　詩人ベルシューの生没年は通常、一七六〇ないし六二〜一八三八とされている。ピュドロフスキの典拠は不明。

さらに、食の喜びに関する専門家を指すガストロノーム（美食家）という物言いが登場するのは、一八〇三年、シモン・セレスタン・クローズ＝マニャン（1750－1818）の小さな本『パリの美食家（ガストロノーム）、『ガストロノミ』の著者への手紙』においてであった。その題名からもわかるように、この著書はベルシューへの機知に富んだ応答となっている。

そして、一八三五年、ついに「ガストロノミ」という語はフランス語の規範となる辞典『アカデミー・フランス辞典』に掲載されることとなった。しかし、歴史上、最初の批評家、美食の達人、伝記作家ネド・リヴァルの命名を借りれば、「食通貴族」、「ブルジョワ美食家」（ネド・リヴァル『グリモ・ド・ラ・レニエール、食通貴族』ル・プレ・オ・クレール社、一九八三年）といえば、アレクサンドル＝バルタザール＝ローラン・グリモ・ド・ラ・レニエール（1758－1838）の名を挙げるのが正鵠を射ていよう。

三代にわたり徴税請負人の肩書をもつ役人の父とドルジュヴァル侯爵の娘で貴族階級出身のスザンヌ・ド・シャラントを母にこの世に生をうけたグリモは、生まれながらに身体に障碍をかかえていた。手が鳥の鉤爪、ガチョウの爪や脚のような状態だったのである。そこで、スイスの機械技師がグリモのために、人工の手を創作した。グリモは皮の手袋をして、それを隠して生活した。

家族関係では、彼は両親と常に戦闘状態にあった。父に対しては、その裕福さを非難した―

―シャンゼリゼに、パリで最も美しく贅を凝らした大邸宅を建てた、と――。母に対しては、その気質が多くの愛人を作るよう彼女に仕向けているのだ、と。グリモは法律を学び、司法官ではなく、弁護士になることを選んだ。しかし、それは父を罪に問うためではなく、父の弁護ができるよう考えてのことだった。一方、グリモは演劇に熱中し、『演劇新聞』、のちにはフランス国境近くスイスのヌーシャテルの新聞に劇評を寄稿するようになる。

グリモの名が知られるところとなったのは、一七八三年二月一日に催されたその法外な晩餐会の折である。それはことに名高く、両親の不在のすきに、かのパリの大邸宅で行われたのだった。風変わりな葬式の儀礼を伴うその宴はパリの名士たちを驚かせ、後に十九世紀フランスを代表するデカダン派作家ユイスマンス（1848–1907）が『さかしま』（一八八四年）で、主人公デ・ゼッサントの人物描写の着想を得ることとなる。

さて、その葬礼とは、シャンゼリゼの邸宅の入り口に二人の武装した男がいて、大袈裟に起草された招待状の大きな封筒（「その功績をたたえ、あなたに満足していただけるできるかぎりのことを行う所存であります。そして、何の自惚れもなく、……あえて、こう請け負いましょう。今日から、油、豚に関して、あなたが欲しいものはもはや何もなくなるでしょう」）の提示を求める。そして、男たちは訪問者にしきりにこう尋ねるのだった。「あなたがお越しになられたのは、人民を搾取するド・ラ・レニエール氏のところですか、それとも、弱者の味方のそのご子息のところですか」、と。

人々はこの壮大な宴の構成など気にもとめなかった。たとえば、十七名の会食者、三百六十五個の古代風照明、サーヴィス担当の美少年たちが古代ローマ風の服装であったこと、中央に置かれた棺台、そこに掛けられた葬儀用の黒いドレープ飾り、といったような。しかし、グリモが引き起こした一大スキャンダルには黙っていなかった。それは、宴の始まりを見届け、手すりの背後でそれを見守るよう招かれた野次馬たちによって、さらにはグリモ自身によって報告された。

しかも、グリモは懲りもせず、一七八六年三月に再びこのような宴を催している……。ただし、これは毎週水曜と金曜の（大学のヴァカンスの時期は除く）十一時から四時まで、半ば栄養に配慮して催された哲学的午餐の開始に過ぎないことをご理解願いたい。当時のもっとも優れた作家の何名かと交流のあったグリモは、彼らをこの宴へと贅を尽くして招待したのだった。そこには、劇作家ボーマルシェ（1732－99、『セヴィリアの理髪師』『フィガロの結婚』で有名）、作家レチフ・ド・ラ・ブルトンヌ（1734－1806）、さらに『タブロー・ド・パリ』の著者セバスチャン・メルシエ（1740－1814）といった名前が見出せる。

こうした奇行の上に、壇上で同業者の弁護士デュショザール先生を怒らせ、弁護士会から除名されたことが明らかになり、息子の常軌を逸した行動に嫌気がさしたラ・レニエール夫妻は息子に対する封印状（追放等を命ずる王印のある令状）を取得し、グリモをパリから遠く追放するよう従わせた。彼はかろうじて精神病院送りはまぬかれ、実り多き二年間をフランス北部、ナンシー近くのドメーヴル＝シュル＝ヴゾーズにある聖堂参事会員大修道院で過ごした。とりわけそこで、彼は僧侶たちと共に美味しいものを食べる術を学んだ。

その後まず、リヨンでグリモの姿が見かけられることになる。商業の盛んなメルシエール通りに、「モンペリエ商会」という看板を掲げ、香辛料も扱う食料品店を始めたのだ。しかし、財を築くどころか、借金を父親に肩代わりしてもらうはめになる。それでもこの地でグリモは、将来妻となる女優アデレード・フシェールと出会うことになる（しかし、結婚したのは何と二十三年後であった）。

次にグリモが滞在していたのはフランス南西部エロー県、地中海に面するベジエで、その地でさらに美食を追求した。友人であるレチフ・ド・ラ・ブルトンヌに、ベジエで見出したものについて、次のように手紙に記している。

「海が生み出す美味で滋養豊かなあらゆるもの。鰈《かれい》、鱈《たら》、舌平目、伊勢海老、大シャコガイほどの大きな牡蠣、チョウザメ。さらに、最上の仔牛、跪いて食すべき赤足岩シャコ、芳香ある草を餌に与えたウサギ、若鳥のように丸々と太った鶉《うずら》、茄子、極上のメロン、ここでしか本当の味がどのようなものかわからないであろうマスカット葡萄、その座を追われていない王の食卓に相応しいロックフォールチーズ、紛うかたなき甘き美酒のミュスカワイン（ミュスカ種から作られる甘口ワイン）……」

首都パリが革命の嵐の中、大いに動揺し、震撼している間に、グリモは美食家になっていたのである。

しかし、革命後の恐怖政治のさなかの一七九三年十二月二十七日、病気でこの世を去った父の葬儀に出席するため、グリモはパリに帰還することになったのである。結局のところ、グリモがパリに戻ったのは一七九四年二月十四日、父の葬儀にはあまりにも遅い到着となった。それでも、彼は死刑になりかけていた母親の命を救うことに成功する。そして、自らの日記にこう書き記す機会を得たのだ。「革命後の悲惨な何年もの間、卸売市場には、一匹のヒラメも届くことはなかった」、と。

ここにその後、グリモの情念がどこに向かって行くかを見てとることができよう。しかし、グリモがその壮大なプロジェクトを世に問うには、一八〇二年の終わりを待たねばならなかった。このプロジェクトこそ、彼の名を歴史に残るものとし、彼を現代美食批評の先駆者となすものであった。グリモは版元のマラダンに『食通年鑑』を出すことを約束した。しかし、マラダンはもはや本が売れず、「食料品店、食肉加工業、あるいはレストランでも経営していた方がまし」と言って嘆いていたが、グリモが自身の考えを変えることはなかった。

「今日の金持ちたちに、適正価格で最良のご馳走を食べるためのガイド本をなぜ提供しようとしないのか。今日のパリ市民は心の代わりに胃袋重視である以上、彼らの胃に訴えればよいではないか。私は『演劇検閲官』誌で、フランスの食の地勢図を作成するプロジェクトを告知した。まず、パリから始め、首都の街区をめぐる滋味豊かな散策図を描こうと思う」

最初の『食通年鑑』は、たった二十五日間で執筆・編集されたものだったが、一八〇三年に日の目を見ることとなった。年鑑は一八〇三年から一八〇八年まで毎年、さらに、一八一〇年と一八一二年の二度、計八回出版された。また年鑑に加え、一八〇六年と一八〇七年には、月刊形式で発行される『食通と美人のための(小)冊子』も出版されている。そしてついに、『接客の手引き』も一八〇八年に出版された。

この本は、テーブルでの肉の切り分け方についての議論、メニュを読む際の専門用語の一覧表などで構成されている。また、とりわけ「食卓での会話」や「滋養あるものを食するための訪問」などを含む「食通としての礼儀の要点」が記されていることが注目に値する。この「美味しいご馳走にありつき、他の人にもそうさせてあげたいと思うすべての人にとって必要不可欠な著作」は、社交の際、感じの良いことを望むブルジョワにとって、良き態度の一種の典範のようなものであり、また、年鑑の補遺という意味合いもあった。要するに、食通年鑑はまがう方なき革命期の作品でありながら、現代のわれわれのガイド本の先駆けでもあるのだ。

では、何が重要なのだろうか。端的に言えば、食べ、行動し、変化し、好きなだけ栄養を摂るパリの人々を整理分類すること。さらに、新たに興隆してきた階級の人々（ブルジョワ）に、パリの入念に選ばれた生活の糧を提示すること。

「革命の必然的結果として、運命にもたらされた大激変。その運命を新たな手にゆだねた、ほとんどすべての成金の精神はとりわけ、純粋に動物的な享楽の方へと向かって行く。金持ちが最も大切にする感情のきわめて強固な部分に確かな手引きを提供することで、彼らの役に立つものと信じる。裕福なパリ市民の大部分の心は突然、胃袋へとその姿を変えたのだ。彼らの感情はもはや味覚でしかなく、彼らの欲望は食欲でしかない。それゆえ、パリ市民を適切にもてなすこととはまさしく、美味なるものに関して、彼らの傾向と富において実現可能な最良の部分を引き出す手段を何頁にもわたって彼らに提示することに他ならない」

『食通年鑑』の第一版、第二版に共通する序文から引用した上記のテクストは、美食批評の課題の行きつく先、その役割を定義するこれ以上見事なものはないように思われる。今日、新生ロシア人、日本人、インドネシアからの来訪者向けに、批評家が二〇一一年、パリの食をめぐるミステリーを暴いてみせることを想像するに難くない。「フランスの美食言説《ディスクール》」を整理分類し、その歴史の流れを織り成し、年譜を新たに創作し、グリモの業績に他ならない事柄をあまねく認めることで、パスカル・オリーは以下のことに留意するよう配慮している。

『年鑑』は正真正銘「グリモガイド」であり、『冊子』は「快適な暮らし」に関する定期刊行物の最初の試みであった。過去へと向かうその書名とは裏腹に、『年鑑』は読者に、高級店の衰退とレストランの出現によって必須となった二つの新機軸を提供する。すなわち、カレンダー（営業日、営業時間）と道順である。カレンダーは一年間を、一連の味覚の経験へと翻訳し、道順はパリを一連のハイレヴェルの食通の場へと変える。そこでは、食料品店主とレストラン経営者が隣合わせに営業しているのだ」（パスカル・オリー『フランスの美食言説』、「アルシーヴ」叢書、ガリマール社、一九九八年）

こうしてグリモは、パリの上質さ（フランス各地の食材がパリに集結するさま）の頂点として、パレ＝ロワイヤル[*2]で多角的経営を行う出色の食料品店主、コルセレへの賛辞をしたためたのである。

彼の店は「フランス南西部ネラックのテリーヌ、リヨンのモルタデル（豚肉にピスタチオなどを加え牛の大腸に詰めたイタリア・ボローニャ発祥の大型ソーセージ）、プロヴァンス地方アルルの

＊2　パリ一区にある。一六三二年、枢機卿リシュシューの館として建立。一六四二年、その死とともに王家に遺贈。王宮（パレ・ロワイヤル）と呼ばれるようになる。その後、中庭を囲む回廊は商店街になる。

ソーセージ、シャンパーニュ地方トロワの小ぶりの舌肉であふれんばかりである。

この店の隣には、ストラスブールのガチョウの肝臓のパテ、ラングドック地方トゥールーズの鴨の肝、フランス北西部ルーアンのセーヌ河岸で育った仔牛、フランス中部ピティヴィエの雲雀、オルレアン地方シャルトルのプーラルド（肥鶏、薄暗いケージの中で性的に成熟しないように肥育されたメスの鶏）とコバシチドリ（ギニャール）、ペリゴール地方ペリグーの山鶉を扱う店も経営している。

その店では、他に各地方の甘味、フランス北東部ランスのパン・デピス（発酵生地に蜂蜜、香料、時にフルーツの砂糖漬けを加えた菓子）、ノネット（パン・デピスの一種）、ルスレ（果皮の赤っぽい西洋梨）、ギュイエンヌ地方アジャンのすもも、ルーアンのリンゴのジュレ、オーヴェルニュ地方クレルモンのあんずのフルーツゼリー、ブルゴーニュ地方マコンのコティニャック（大小の円形の平たい箱に入れて固めた甘いマルメロのゼリー）、さらには外国産のきわめて滋養に富んだ食べ物（ドイツ北部ハンブルグの燻製牛肉）も扱われていた。

グリモはさらに、コルセレと同じくパレ＝ロワイヤルで魚介を扱うシュヴェも称賛している。その新鮮な鰯《いわし》、ヌーヴェル・アキテーヌ地域マレンヌの牡蠣、オランダの鰊《にしん》などを褒めつつ、「もっと広く、より明るい場所を選ぶようシュヴェに進言すること」も忘れずに。

また、グリモは評判のレストラン経営者についても言及している。「一七九一年、パレ＝ロワイヤルに開業したメオ、革命前後の時代を代表する大料理人ロベール、ローズ、ヴェリ、レダ、ブリゴー、ルガック、ボーヴィリエ、ノデ、タユール、[*3] ニコルら、かつて無名の見習いだった者たちが、今日、そのほとんどが億万長者になっている」、と（グリモ・ド・ラ・レニエール『美食に関する著作集』、校訂・解説ジャン＝ポール・ボネ、UGE社、10／18叢書、一九七八年〔『食通年鑑』創刊号、一八〇三年〕からの引用）。

グリモは通りすがりに、パリの有名なカフェについて触れることも忘れてはいない。こうして、**トルトニ**（「美味しいショコラで知られる」）、**コラッツァ**（「育ちが良く、愛想も好印象のパリで美人の女性カフェ経営者の一人によって率いられた」）、さらに**ヴァロワ**や**エトランジェール**も書き落とすことはなかった（「沸騰させることなく淹れられることで、その香りのすべてを失うことのない水出しコーヒーで有名なヴァロワ、……そして、蒸留酒入り、ラム酒入り同様ワイン入りポンシュ（ポンチ。紅茶に砂糖、ラム酒などの蒸留酒、レモンのゼスト〔皮のすりおろし〕などを加えたイギリス発祥の飲み物）の上質さが光るエトランジェール」）。

グリモはさらに、マンダール通りにあるバレーヌ氏の営む**ロシェ・ド・カンカール**も称賛している。そこでは「パリで一番美味しい牡蠣がいつでも食べられる」、「最良の海の幸や家禽」

＊3　Tailleur　プーラン／ネランク『フランス料理の歴史』では、トリエ（Taullier）とある。

と共に、と。さらに、アルディ夫人の臓物店も勧めるよう配慮している（「腎臓、コートレットに加えて、上手に作られた鶏モモ肉の紙包み焼き、トリュフ入りの鶏の薄切り、アンドゥイエット・ファルシ、コキーユ皿で焼いたシャンピニョンは、真の食通に強く勧めるものである。それらは瀕死の人にさえ食欲をかき立てることだろう」）。また、グリモは通りすがりに立ち寄ったヴェリのカフェで、「チュイルリーの散歩者たち」を遠回しに皮肉る余裕を見せている。このカフェはあろうことか、「きわめて凡庸な質の冷たいリキュール、ソルベ、グラスを客に出している」、と。

近代人たるグリモは歯に衣を着せぬ物言いをし、取り澄ました態度で、自らの言葉遣いの自由さを一芸術にまで高めた人物である。パリの五隅から彼の元に届けられるあらゆる種類の食べ物の中からより良きものを選ぶため、彼のお墨付きを得た食通の一群がグリモを取り巻いていた。それがあの食味審査委員会であり、一八〇三年の復活祭から一八一二年五月二十六日まで、四百六十五回にわたり開かれた。そのメンバーには、ジャン゠バプティスト゠ジョセフ・ガスタルディ博士（1741－1805）、引退した臨床医で食通、グリモが「正確かつ鋭敏、誤ることのない味覚の持ち主。食卓にいるのが四時間以下ということがない」と注記している人物、また、フィルター式コーヒー沸かし器を発明したド・ベロワ枢機卿（1709－1808）や法律家で政治家のカンバセレス（1753－1824）、ナポレオンおよびルイ十八世の宮内省厨房長ルイ・ド・キュシ侯爵（1766－1837）といった人物がいて、この委員会で交流を深めた。その判定の真摯さが評判となった審査委員たちは、皆で、「承認」の許可を与えるか否かを決めた。そして、承認された場合、グリモ邸から認定書が届けられた。

年鑑、冊子などの成功は、審査委員の影響力を確かなものにした。その審査は、十七時から始められ、少なくとも食卓に五時間は留まらねばならなかったほどであった。「代わる代わる討議され、批評され、非難されることもあれば称賛されることもある」（前出、パスカル・オリー『フランスの美食言説』）。それぞれの認定は、投票に委ねられた。認定が不首尾に終わった場合、次回は認定が成就されるよう、審査委員に新たにアピールできる機会を与えていた。

判定の記録は、店の主人自らが代金を負担することで印刷にまわされ、審査委員長の署名入りかつ押印によって認証された。要するにここに、現代の食通の試金石となる先人だけでなく、現在隆盛するあらゆる美食家のアカデミーの先駆も容易に見出すことができるのである。もちろん、来るべきわれわれのどのガイドブックも用いることになるさまざまな記号、星、コック帽、皿、鍋といったものも、グリモにその起源があることを忘れてはならない。

これほどまでに長々とグリモ・ド・ラ・レニエールの生涯とその創設者としての役割について話してきた理由。それはグリモが現代の美食批評の原点であるからであり、他方、にもかかわらず、彼の名声がほぼ同時代人といえるブリヤ＝サヴァラン（1755－1826）によってその影をずいぶん薄くされてしまっているからである。

アン県のベレ＝アン＝ビュジェ生まれのブリヤ＝サヴァランは、その地の下級裁判所判事に始まり、一七八九年の三部会では代議士、さらに町長兼国民軍司令官と次々と地元の名士になっていったものの、美食に関しては逸話に詳しい食通に過ぎない。一七九四年、ジロンド派が失脚すると、恐怖政治から逃れるため亡命を余儀なくされ、スイス、オランダ、イギリスと転々とした後、最終的にアメリカに落ち着くこととなった。

彼はボストンに居を構え、当地のレストラン経営者ジュリアンにチーズ入りスクランブルエッグの作り方を伝授したことを自慢している。また、フランス語を教え、フランスに戻る直前には、ニューヨークのジョン・ストリート・シアターでプロの第一ヴァイオリン奏者をしていたこともあった。そして、国民議会の不首尾によって引き起こされた体制の変更に乗じて、一七九六年、ブリヤはフランス北西部ル・アーブルに上陸を果たしたのであった。

ブリヤは急ぎパリに戻ると、ただちにフランス軍に志願し、ドイツ南西部シュヴァルツヴァルトにその姿が見出されることになる。その後、名誉を回復したブリヤは故郷ブール＝アン＝ブレスの下級裁判所所長となり、ナポレオン第一帝政期を経て、王政復古期と、ブリヤはその威光を取り戻し、ヴェルサイユの共和国検事となる。そして遂に、破毀院の判事になるものの、一八二六年二月、思いがけない突然の死を迎えることとなったのである。

その死の四カ月前、彼はその名を世界中に知らしめることになる著作を公刊した。それこそが『美味礼讃』(原題は「味覚の生理学」)であり、瞬く間に成功を収めることとなった。しかるに、この著作はアフォリズム、疑似-科学的考察、素描的回想、精彩に富んだ逸話、加えていくつかの料理のレシピと盛りだくさんの内容が混ぜこぜになったものに過ぎない。
『美味礼讃』刊行後まもなく、グリモ・ド・ラ・レニエールはそれを読み、いたく感動して、友人のキュシ侯爵に手紙を書いている。「私は『美味礼讃』を購入し、多大な喜びをもってそれを読んだ。それにしても、著者のブリヤ=サヴァラン氏は気の毒に、その成功後不幸にもすぐ亡くなってしまった。『美味礼讃』は最も偉大なる食通の一人の手になる本であることに間違いない。それに比べ、私の『年鑑』ときたら、寄せ集めのようなものとしか言いようがない。あのような深遠かつ卓越した才能が世に現われるのがどうしてあのように遅すぎたのだろう。これではまるで、この著者は消化不良で死んだも同然ではないか」(ジル・マック・ドノグ『ブリヤ=サヴァラン 食通判事』ラルガニエ社、二〇〇六年)
しかしながら、グリモが嘆くのは間違っている。ブリヤの著作が今日に至るまで絶え間なく版を重ね続けてきたのは、なにより「教授の二十のアフォリズム」が有名であるからに過ぎない(というのも、この本が注目を集めたのは匿名で出版された初版だったのだ)。このアフォリズムは本の導入部でありながら、歪曲するのを覚悟で言えば、時に本全体がこのアフォリズムに還元されてしまうのだ。以下、いくつか抜粋してみよう(ブリヤ=サヴァラン『美味礼讃(味覚の生理学）』シャン・クラシック、フラマリオン社、二〇〇九年〔一九八二年初版〕）。

「動物は餌を摂り、人は食べられるものを食らう。才気ある者のみが食事をする」（第二番）

「国家の命運は国民の栄養摂取の仕方次第である」（第三番）

「どんなものを食べているか言ってごらん。私は君が何者か言って差し上げよう」（第四番）

「食卓の快楽は、あらゆる年齢、あらゆる状況、あらゆる土地、あらゆる時に属する。この快は他のあらゆる快と結びつき、我々の快の喪失を慰めてくれる最後のものとして残る」（第七番）

「食卓は最初の一時間、決して飽きることのない唯一の場所である」（第八番）

「人類の幸福にとっては、星よりも新しい料理一皿の発見の方が有益である」（第九番）

「料理人にはなれる。しかし、肉を焼く専門家は生まれながらのもの」（第十五番）

「誰かを招くこと。それはその人が家にいる間、その人の幸福を引き受けるということである」（第二十番）

その他のことに関しては、ブリヤの科学を気どった文体や理論家への野心にはほとんど評価されるものはない。この似非‐科学的態度は食通の実践家であると同時に、アマチュア科学者であろうとするようなものに過ぎない（「美食とは人間の栄養摂取に関するあらゆる事柄の理論的知識である」)。それでもなお、アフォリズム的格言のセンスの良さ、決定的なものに見える決まり文句の明確できっぱりした言い回し（ブリヤはそれを羨望に変えることさえできた）は、多くの好敵手《ライバル》や讃美者《ファン》をもたらすこととなった（もし、ブリヤにその機会があったなら、彼は自分の十五番目のアフォリズムをこう訂正しようと思うに違いない。「人は料理人にもなれれば、肉焼きの専門家にもなれる。しかし、ソース作りは天性のものである」、と）。

さて、ブリヤと並んで好んで引用されるのが薬学者で作家のシャルル＝ルイ・カデ・ド・ガシクール（1769－1821）で、彼は何よりグリモの弟子と自他ともに認められていた。早くも一八〇九年に『ガストロノミ講義』を出版。この書は虚構の食通（「マナンヴィル氏」）のディナーを想定することで、フランスにおける美食の一覧表を提出し、その科学を完成させせんと意図したものである。

また、バルザック（1799－1850）はブリヤの著書に倣って、『結婚の生理学』（一八二九年）を発表。さらに、『ミショーの世界伝記集』（一八四三年版）にブリヤ＝サヴァランに関する長大な紹介文を起草し、彼に敬意を表している。そこでバルザックは、ブリヤを『箴言集』で有名なラ・ロシュフーコー（1613－1680）やモラリスト作家ラ・ブリュイエール（1645－1696）と比較し、その文体の「味わい深さ」や一見したところ善良なる話題に潜む「滑稽さ」を賞賛しているのだ。

われわれにより近い人物としては、『言葉による饗宴』（ポヴェール社、一九七九年）の著者である哲学者・ジャーナリストのジャン＝フランソワ・ルヴェル（1924－2006）が『美味礼讃』に長い序文を書いている。そこで、ルヴェルはこう注記している。

「グリモは才能には恵まれていたが、ある本質的なものが欠けていた。この本質的なものこそ、ブリヤに代表作の成功を可能にしたのであり、時代精神がそこに一挙に「結び付けられる」ことになる。それは文体に他ならない。「感じの良い文体」こそ『美味礼讃』を、歴史的資料をはるかに凌駕するもの、すなわち、現代の快楽主義者《エピキュリアン》たちを罪の意識から解放するミサ典書にしたのである」（前出、ブリヤ＝サヴァラン『美味礼讃（味覚の生理学）』序文）

しかし、たとえブリヤ＝サヴァランが文体の人、エッセイスト、さらに思想家、物語作家でさえあったとしても、このベレの司法官は、美味しいもののある所ならどこへでも出向く美食の探求者グリモのようなジャーナリスト、批評家、時評担当者《クロニクール》では決してないのである。

また、思慮深い歴史学者のパスカル・オリー（1948－）は「グリモの技量とブリヤの思想を十二分に吸収することで、十九世紀はフランス美食学派の設立を見出すことになる」（前出、パスカル・オリー『フランスの美食言説』）と正確に評している。そしてその立役者こそ、一八五八年に『ル・グルメ』誌を創刊したシャルル・モンスレ（1825－1888）である。モンスレはエッセイストでジャーナリスト、詩人で劇作家、多数の雑誌に寄稿し（『パリ』誌、『食通通信』誌、

『食卓をめぐる物語』誌などなど）、四十冊に及ぶ著作をものしている。その中には『詩的な女料理人』、『食通通信』、『酩酊』といった作品がある。さらに、一八六五年から一八七〇年には『食通年鑑』をめぐる一連の仕事があり、これはモンスレが、たとえ自身はブリヤをよく引き合いに出していても、グリモに近いことを証明するものである。このように、モンスレは間違いなく、グリモとブリヤという上記の二人の系譜から発生した新たな美食の原型と言える。また、この系譜には、ネクトール・ロクプラン（1805－1870）やアルマン・マリトゥルヌ（1796－1866）も属すると言えよう。

加えるに、モンスレは広告にも才能を発揮し、今でいうコピーライターとしても活躍した。たとえば、ロマン主義の作家ミュッセ風のへぼ詩人の才能を**ラ・メゾン・ド・フェイユ**の営業のために傾注したのである。**ラ・メゾン・ド・フェイユ**は有名な仕出し屋兼菓子店で、モンスレはこの店のために十二のソネットを起草している、等々。

十九世紀にはさらに、とりわけシャルル・ジェラール（1814－1877）の才能によって、郷土色を前面に押し出し、地方文化を賞賛する傾向も見出すことができる。ジェラールはナンシー出身の弁護士で、記念すべき『食卓におけるいにしえのアルザス』（コルマールで一八六二年に刊行）を著わしている。ルシアン・タンドレ（1821－1896）の名も忘れてはなるまい。タンドレは正真正銘ブリヤの甥にあたる人物であり、彼の『ブリヤ＝サヴァランの故郷の食卓』（ベレ、エル・ボワリ・エ・フィス社、一八九二年）は絶えず再版されている古典となっている。

同じ流れで、最近の人物を挙げるとしたら、ラ・マジユことアンドレ・マレ＝マズ（1891－1984）ではなかろうか。彼女はペリゴール地方が美食の宝庫であることを世界中に知らせることとなった。それは、フラマリオン社から一九二九年に出版され、再版を繰り返しベストセラーとなった一冊の著書『ペリゴールのご馳走』によってであった。しかし、この本はすでに批評という軌道から外れるものである。そして、時代も現代へと近づいて来た。

16

批評の制度化

二十世紀の初め、ガストロノミ（美食学）は制度化され、批評もまた同様であった。ところで、ガストロノミ、批評は共に物事の動向、時代の習性の変遷の反映に他ならない。美食というジャンルの時評《クロニーク》の発展は、オーベルジュ、美味しい店の増加に対応した。そして、革命的な出来事が生じたのである。

一九〇〇年、フランスの主要なタイヤメーカーがガイドブックを発刊したのだ。フランス中央高地クレルモン゠フェランにあるミシュラン社の創業者、エドゥアール・ミシュラン（1859–1940）の署名がある、私の所有するガイドの初版本序文は予言的な趣がある。

（エドゥアール・ミシュランの書くところによると）、「この本は、有益なあらゆる情報をフランスを旅するドライバーの皆さんにお伝えしたいのです。それは自動車を購入し、修繕に出せる場所を示し、さらに皆さんが泊まり、食事し、郵便、電報、電話で連絡をとることができるようにするために他なりません。……この本は新世紀と共に登場し、一世紀にわたって続くことでしょう。……われわれは毎年、現状に合わせて改訂版を刊行します。初版は明らかに、まったくもって不完全とみなされることでしょう。しかし、本書は年々、完成に向かって歩んで行くものであり、そのためにも、皆さんにはアンケートの質問事項に答えていただきたいのです。しかも、われわれが期待するより多くの事柄に注意深くお答えいただければ、それだけ早く本書は完璧なものとなるでしょう。……ドライバーの皆さんなしに、われわれは何もできません。皆さんと共にわれわれはすべてを行うことができるのです。……われわれは皆さんにこう確約します。皆さんが料理、部屋、トイレ、サーヴィスに不備ありと指摘されたホテルはすべて、リストから情け容赦なく抹消することを。……逆に、皆さんが好感をもたれたホテル、ミシュランタイヤの委託販売店はリストに付け加えることを。……」

上記の文章はミシュランの全哲学であり、同時にまた、ガイドの現代的練り上げに重要な役割を果たした。すなわち、実用的側面、網羅性への意志、食通、いや見習い批評家とさえ言えるガイドにとって必要な、読者による（必要不可欠な）情報提供の助力に頼ること。実際、初期のミシュランガイドは、語の現代的意味におけるプロの専従調査員が調査していた訳ではなく、当時フランス中を縦横に行き交っていたタイヤメーカーの代理店の人々によってもたらされた情報をもとに編纂されていた。つまり、「常に道を走っているセールスマンたちによって。ちょっと研修を受けるだけで、実際のところ、彼らにとって地方のレストランを、味覚を介して調査することは予想以上に容易なことだった」（『ミシュランガイド、人も物も動くことで一世紀を越えて』ミシュラン出版局、二〇〇九年）

ミシュランガイドが、地方を順番にまわる有給の調査員を自ら雇うことで、専門家の手によって編纂されるようになるのは一九三三年のことである。そして、秀でた食事が楽しめる店には星を与え、さらに、レストランにはスプーン・フォーク（クヴェール）マーク、ホテルには邸宅（メゾン）マークを一つから五つまで付して、注意深く訪問された各施設の相対的な贅沢さを評価したのだった。その評価のルールとは、調査員は身分を隠すこと。勘定は支払うこと。施設を隅から隅まで、あるいはそう言ってよければ、料理から部屋までチェックすること。そして、事後に初めて、ミシュランの証印の押された調査員証明書を提示すること、である。

では、その調査員の典型的な人物像とは。「一般的に、ホテル専門学校卒で、しばしば、何年かレストランないしホテルで実務経験を有する者。いったんミシュランに採用となればすぐに、六カ月間の技術研修を受けることになる。そこで未来の調査員は、さまざまに異なる料理の様式、味わいの多様性、醸造学、食にまつわる技芸に対し感性を研ぎ澄まし、調査員として一人前になるのである。……こうして、調査員たちは選別、快適さのあらゆる基準と判定する職分を身につけることが可能となるのだ。その仕事は毎年ごとの評価と前年までの評価との二項を対照することによって行われる」(前掲『ミシュランガイド、人も物も動くことで一世紀を越えて』)

もちろん、ミシュランの調査員はどうやったところで、語の完全な意味での美食批評家ではない。たとえ、批評の機能の一部を果たしていてもである。つまり、調査員は判断、推量、評価し、格付けはするものの、書くことはないのである。調査員は優れた店に星を与え、さらに一九五七年からは、良質の食事を控えめな料金で提供する、すなわち、手ごろな価格ながら配慮の行き届いた美味しい店を示す「赤色のR」マークを付与し、現在それは「ビブグルマン」マークに変更されている。[*1]

また、注目すべきは星が登場するのは一九二三年になってからのことで、それもまた一つ星だけで、しかも「美食的価値」を評価するものではなく、「快適さと価格のカテゴリーの記号でしかなかった」(前掲『ミシュランガイド、人も物も動くことで一世紀を越えて』)。さらに一九二六年になると、ホテルの評価マーク「邸宅《メゾン》」にさらに加えられる形で一つ星が用いられるようになる。その定義は次の通り。「この記号は上記の諸記号の一つ「邸宅」を補完するもので、それが加わることで、そのホテルが評判のダイニングをもっていることを示すものである」。そして、二つ星、三つ星が登場するのは、プロヴァンスで一九三一年版、パリでは一九三三年版からであった。

ミシュランガイドが星をとろうととるまいと、ビブグルマンであろうとなかろうと、ともかく、すべての店に対して補完の意味で、当該の店を定義し、ポリシー、内装、様式などをまとめた短いテクストをコメントとして記すようになるには、創刊百周年にあたる二〇〇〇年を待たねばならなかった。もちろん、それは文学的なものではない。まさに、ミシュランならではの簡潔さ。ホテルを評価する際用いていたのと同じ二〜三行という形でコメントし評価したのだった。

その後、新世紀に入ると、事態は世界中の大都市のガイドを出す方向へと進展していった。それまでのパリ、ロンドンに加えて、ニューヨーク（二〇〇五年）、香港（二〇〇八年）、東京（二〇〇七年）などなど。そして、これらの都市で受賞したレストランには長文のテクストを請求する権利がある。ただし、求められるべきは本質的に批評として称賛し、精緻に記述するテク

＊1　二〇一八年度版では、三七ユーロ（約五〇〇〇円）までで食事が楽しめる店に与えられている。

ストでなくてはならない。にもかかわらず、「われわれは店の評判を傷つけるためにここにいる訳ではない」と編集主幹のジャン＝リュック・ナレ（1961－）は明言したのだ。しかし、今やわれわれは二〇一一年にいる。私は少々、急ぎ過ぎたようである。

ともかくも、ミシュランガイドは美食批評全般にとって準拠として役立つ基準、メートル原器のようなものを確立したと言えよう。長さをメートル単位で測定したり、気温を摂氏で明示したりするように、今後はある施設を評定する場合、星という言葉を用いて誰もが語るようになるだろう。コック帽と点数という方法を創案したアンリ・ゴーとクリスチャン・ミヨでさえ、先に言及したように、「ミシュランの忘れた人々」という項目を用いている。これは、当然のごとく二つ星、三つ星に値するはずなのにいまだその地位を占めていないシェフやレストランを提示するものである。しかしながら、実のところ、二十世紀全体を通して、美食批評は自らを確立し、制度化し、そのリズムを発見することになるだろう。

ここで注目すべきは、ミシュランを象徴し、さらにはビバンダムと署名する人物を自ら名乗ったかの時評担当者が、後に食通のプリンスとなるモーリス＝エドモン・サイヤン、すなわちキュルノンスキだったことである。一九〇七年十一月二十五日、『ジュルナル』紙に初めて掲載された時評「ミシュランの月曜日」には端的にミシュランと署名されていた。この時評、一九〇八年三月二日からは「ビバンダム」のペンネームが用いられたのである（シモン・アルベロ『キュルノンスキ　食通のプリンス』アシェット社、一九六五年)。まさに、サイヤンにはペンネームを考えつく才能があったのだ。思い出していただきたい。下手な(de cuisine)ラテン語で、当時流行のロシアブームに乗って「キュル(Cur、ラテン語で「なぜ」)－ノン(non、ラテン語で「～でない」)－スキ(sky)、すなわち、なぜ、スキ(ski、フランス語でスキはskiと通常表記)でないの」と自らのペンネームを思いついたことを。

そして今回も愉快で太っちょのキャラクターにラテン語を用いて命名することを思いついたのだった(「今コソ、スベテヲ飲ミ込ム時ナリ(Nunc est Bibendum)」)。それこそがタイヤでできているタイヤ男ビバンダムで、生まれたばかりのミシュランガイドを象徴するのにもお誂え向きだったのだ。そして、「ミシュランの顧問でもあったキュルノンスキはこう付け加えている。ミシュランタイヤはどのような障害物をもものともしない(＝飲み込む)限り、まさしくビバンダム(「ガラスも釘もなんでもへっちゃらで飲み込む強い奴」)なのだ、と」

こうして遂に、それまで長い間、他の人々に仕えていたキュルノンスキは自身のために仕事し、他の人々を使うことができるようになったのである(とりわけ、世紀の変わり目頃、一世を風靡したジャーナリストで作家のヴィリのゴーストライターだったことは有名。また、ヴィリはコレットの夫であった。そのようなヴィリのためにキュルノンスキは代筆したわけだが、中でも『馬鹿正直なおじいちゃん』〔一九〇七年〕が代表作だろう)。

キュルノンスキの交友関係は多彩で、自ら「老ポンシュ」と呼んだ作家・詩人のラウル・ポンション（1848－1937）、一八八六年の「象徴主義宣言」で有名な詩人のジャン・モレアス（1856－1910）、作家・ジャーナリストのレオン・ドーデ（1867－1942）、耽美小説作家・詩人のピエール・ルイス（1870－1925）、詩人のポール＝ジャン・トゥーレ（1867－1920）、風俗喜劇作家のクールトゥリヌ（1858－1929）らがいた。

また、ジュネーヴ生まれで『食通ドダン＝ブファンの生涯と情念』の著者マルセル・ルフ（1887－1936）と共に、二十八巻からなる『美食のフランス』（一九二一～二八年）を著したことはすでに述べた通りである。この『美食のフランス』こそ、キュルノンスキにとって自らのミシュラン、しかも、多彩で精彩に富み、熱気あふれるガイドブックだったのである。そしてそこで、キュルノンスキは大小にかかわらず、さまざまなオーベルジュへ赴き、食の喜びについて論評を行っている。

そのような中、一九二七年五月、『素敵な宿と美味しい食事』という雑誌が「食通のプリンス」を選出するため、大々的なアンケート投票を行った。それは当時、詩人のポール・フォール（1872－1960）が「詩王」と呼ばれていたのにならってのことだった。釈然としない候補者たちの間で争われたこの選挙はしかしながら、真剣に受け止められた。決選投票における三八八八名分の投票数の内、キュルノンスキがトップで一八二三票、続いて、ワロン語圏のべルギー人、モーリス・デ・ゾンビオー(1868-1943)が一〇三七票で第二位となった。ゾンビオーはとりわけ『食卓の美学』(一九二四年)、『食の技法とその歴史』(一九二八年)などの著作でその名が知られていた。そして、ジャーナリスト・作家のカミーユ・セルフ(1862-1936)が残る五二八票を獲得した。

なお、最初のアンケートでは、レオン・ドーデ(キュルノンスキの伝記作者シモン・アルベロ〔1897-1965〕はドーデの名を挙げていた)、アリ・バブ(アンリ・ババンスキの別名、1855-1931、鉱山技師、美食家として有名)、エドゥアール・ド・ポミアーヌ(1875-1964、本名エドゥアール・ポツェルスキ、科学者・フードライター)、ロマン・クーリュス(1868-1952、本名ルネ＝マックス・ヴェイル、小説家・脚本家)、バリトラン、エミール・ビュレ(1875-1965、ジャーナリスト)らの名が挙がっていた。

これらの名を見ればわかるように、「食通のプリンス」という唯一無二の称号は羨望の的であるのと同時に疑問の余地あるものでもあった。しかし、この称号こそ、キュルを時代がかったものにもかかわらず、今でも充分人を惹きつける魅力をもった神秘的人物に仕立て上げたのである。一九五六年のその死もまた、キュルノンスキを謎多き人物にした。パリ八区サン＝ラザール駅近くのラボルド通り沿いにあるマルセル・バニョル公園に面したアパルトマン四階の自宅バルコニーからキュルノンスキは転落死したのだった。

そして今もなお、有名なアフォリズムの多くをわれわれはキュルノンスキに負っている。たとえば、「私はカーテンを食べに来た訳ではない」や「料理とは、食材（もの）が本来在るべき味覚を有するときである」等々。また、キュルの「小箱」への愛も忘れてはならない。小箱とは、キュルノンスキの八十歳のお祝いに彼を招待した八十軒の有名レストランのこと。店では彼のために常に特別席をキープし、その席にはキュルの予約席であることを示す銅のプレートが飾られていた。たとえば、パリ九区マンサール通りの**ラ・クロッシュ・ドール**、二区デ・プティ・ペール通りの**イヴォンヌ**、六区ムッシュー・ル・プランス通りの**メートル・ポール**など。

さらに、キュルノンスキは美食のアカデミーを創設した（一九二八年）。そして、一九四六年に創刊され、活動的なマドレーヌ・デュキューールによって編集された『フランスの料理とワイン』でその範を示した。また、タイヤメーカーのクレベール＝コロンブ社のガイドの創刊にあたり、立派な序文を寄稿することでガイドを支援した。ミシュランガイドの慎ましやかなライバルだったこのガイドはその後、ボタン・グルマンガイドへと生まれ変わった。

さらに、美食に関する古典ともいうべき著作の多くもわれわれはキュルノンスキに負っている。成功を運命づけられた書き方に従ったマルセル・グランシュ（1897－1976）との共著『リヨン　美食の世界の首都』（一九三五年）や彼の心がどこへ向かっているかを見事に記した『フランス諸地方のレシピ』(一九三〇年)、『美味しくいただく』(一九三一年) などなど。

美食のアカデミーを創設したキュルノンスキは、一九三三年から、AOC(原産地統制名称)の承認のため戦った。そして、一九三五年、INAO(国立原産地認定機関) が設立され、一九三六〜三七年に多くのAOCが認定された。

また、戦時中はずっとブルターニュの善良なる女性料理人のもとに身を寄せていた。フィニステール地方の婦人帽がトレードマークの半島の海沿いの町リエク゠シュール゠ブロン在住のメラニー・ルア (1877－1955) こそ、その女性料理人であった。

キュルノンスキは飛び切りの人の良さ、勝ち誇ったような太鼓腹、可愛らしい口髭でその存在がひときわ目立ち、フランス美食界の伝説的、いや神話的人物となった。人はそう言うに違いない。そして、キュルはテレビが普及して後、大衆受けするキャラクターの一般的イメージを先取りしていた。それは、レイモン・オリヴェに始まり、テレビ司会者・ラジオパーソナリティーで美食家として有名なジャン゠ピエール・コフ (1938－2016)、グルメジャーナリストのジャン゠リュック・プティルノー (1950－) に至る系譜である。プティルノーはロンドンタクシーに乗ってフランス中を駆け巡ったが、彼の番組の名は「偉大なる食通」というキュルノンスキを連想させる象徴的なものだった。

キュルノンスキ、それはグラングジエ (ガルガンチュアの父)、一九五〇年代のラブレのような人物。ジャーナリスト・作家のフランソワ・セレザ（1953－）は、キュルノンスキの中に、漫画作家クリストフ（1856－1945）の描くフヌイヤール家の父と『サプール・カマンベールのいたずら』の主人公、兵士サプール・カマンベールを「足して二で割ったようなもの」を見たが（フランソワ・セレザ『美食に関する短い物語』デュ・ロシェ社、二〇一〇年）、それは言い得て妙と言えない訳でもない。キュルにとって、批評家とは鞭打ちじいさんではなく、ちやほやしてくれるパパ、甘やかす叔父さんといった存在だった。

キュルノンスキはそれが誰であれ、人を悪く言うのが苦手であった。たとえ、あるオーベルジュを他のオーベルジュより低く評価せざるを得ない場合でも、キュルは酸化したワインや安ブランデーよりソースや蜂蜜についてペンを走らせたのだった。キュルの精神的後継者ともいうべきかのシモン・アルベロは『フランスの料理とワイン』誌で「愉快な会食者の時評」を請け合ったのに対し、われわれがすでに先立つ章で多くを語ってきたロベール・クルティーヌは「不平の多い会食者の時評」を自らに課したのだった。したがって、この食通のコメンテーター二人が同じ店について言及した際、二人はきわめて異なったやり方で論評することになったのである。

さて、第二次大戦後、すでに指摘したとおり、マスコミのグルメ欄はしばしば、ドイツ軍によるフランス占領下、ドイツに加担し、戦後、政治的発言に関して出版禁止の憂き目にあっていたジャーナリストたちによって担われていた。というのも、当時彼らを雇うには、政治に関すること以外の欄――つまり、代替の欄――を彼らのために見つけねばならなかったのだ。それはまさにロベール・クルティーヌにも該当した。

　クルティーヌは戦前、極右の新聞でキャリを積み、続く一九四〇年から一九四四年の占領下には、『ラ・ジェルブ』（束の意、週刊誌、一九四〇～四四年）、『オ・ピロリ』（晒し台の意、一九三八～四四年）、『反フリーメイソン時評』（一九四一～四四年）といった対独協力雑誌で主に演劇欄や雑録を担当していたが、戦後直ちに、『ル・モンド』紙で新たな飛躍を遂げると、大家としての頭角を現わしたのだった。「それはわれわれの最良の対独協力者《コラボラトゥール》である」。『ル・モンド』紙の創設者、ジャーナリストのユベール・ブーヴ＝メリ（1902－89）がクルティーヌについて発した言葉を思い出すに違いない。しかし、それは他の人々にとっても同様であった。

　たとえば、ジャーナリストのジョルジュ・プラド（1904－92）。彼は占領時代の出版界の大立者で、ヴィシー政権時の駐独フランス大使オットー・アベッツ（1903－58）に近いジャーナリストのジャン・リュシェール（1901－46、戦犯として処刑される）と交流があった。その一方でプラドは、シャンパーニュの普及団体のシャンパーニュ騎士団の創設者で、『美食の秘書』の著者、酒造業界の名士、マム社の社長ルネ・ラルー（1877－1973）のお気に入りであった。

　また、ポール・ド・モンテニャック・ド・ペソット・ド・ブレソール（1909－？）も忘れてはなるまい。彼には、ロマノフ王朝の女性との恋愛ゆえ「ディヴァン雷帝」（イワン雷帝をディーバ〔歌姫、女優〕に引っ掛けたパロディ）との異名があった。ド・ブレソールは『レ・ヌーヴォー・タン』紙（新時代の意。一九四〇〜四四年。占領中に発行されていた対独協力新聞）で広告にたずさわり、戦後、グルメ・ジャーナリズムへと転身した。パリの多くのレストランの報道担当官的な地味な役回りを演じている。

さらに、一九七〇年代の美食批評で最も人目を引いたのは、間違いなくアンリ・ヴィアール（1929－89）であった。生没年を確認すると、私は彼の年齢を超えてしまったことに気づいた。この職業における私の後ろ盾であったヴィアールは、先輩にあたるクルティーヌに盾突いたことがあった。それは、ヴィアールが、私と文芸批評家・ジャーナリストのベルナール・フランク（1929－2006）の二人を老舗カフェ、**フーケッツ**で開かれるパリ最高の外国料理店を褒賞するマルコポーロ／カサノヴァ賞の審査員に強引に加えた時のこと。ともかくも、反ユダヤ主義的思想に断固として忠実だったクルティーヌはこう警告したのだ。「もし、ピュロドフスキとフランクがここフーケッツにやって来たら、私は出て行く」、と。しかし、ヴィアールがラルシュ社のユダヤ百科事典に料理に関する項目を執筆した際、クルティーヌはそれを阻止することはなかったのである。

アンリ・ヴィアールはまた、ジョルジュ・プラドとも、とりわけ彼の出していた定期刊行物

『食通世評』で対立していた（プラドも戦時中、対独協力者で、一方、ヴィアールの反ナチスは徹底していた）。パリのリセの最名門校の一つ、リセ・ジャンソン・ド・サイイで授業を行う際、ナチス占領中、フランスゲシュタポが置かれていたロリストン通りを通って出かけることは決してなかったのである。

また、この『食通世評』での発言のせいで、パリ八区、ロワイヤル通りにある**マキシム**（ヴィアールは喚起する。この店もまた占領中、ユダヤ人が出入禁止だったことを）で行われたとある審査の席で、ヴィアールはプラド夫人からバッグでの一撃をくらったのだった。それは、プラドが大赦を受けた事実に関する正義の告発を行ったからである（友人リュシェールの居場所を密告したおかげで、プラドは粛清から命拾いしたのだった。というのも、リュシェールの隠れ家の場所を知っていたのはプラドただ一人だったからである。しかるにリュシェールの方といえば、一九四六年二月、先に触れたように、戦犯として銃殺刑に処せられたのだった）。要するに、アンリ・ヴィアールは正義の味方、状況の正しき判定者、そして反人種差別主義の活動家を同時に演じていたのである。

脊椎のガンに対する放射線治療のため動かなくなった首をもつ、この髭を蓄えた背の低い人物ヴィアールは、おかしな体格の持ち主ということができよう。彼は一種の気の毒な衒学者で、機知に富んだ言葉やギリシア－ラテン語の引用をあちこちに散りばめ、食事の終わりにだしぬけにありそうもない「伝説のサラダ」について語り出したり、葉巻について長口上したものだった（その際、彼は「フィデル・ガストロ」と署名している）。
一方、彼の著書（『アンリ叔父さんお薦めの美味しい店』、『食通礼讃』、『ポール・コルセレあるいは人生のスパイス』は、未完の企画（『ジェファーソンと料理』、『ポールとヴィルジェニーの料理』）同様、完全な快楽主義者のなせる業であった。

そして、ヴィアールはキュルノンスキのあの称号、そう、選ばれし「食通のプリンス」を半世紀後に獲得することになったのである。また、ヴィアールは私にジョエル・ロビュションを、彼が**レ・セレブリテ**（パリ十五区）にいた時、紹介してくれた。また、ジャン＝クロード・グマールにも。グマールはパリ一区デュフォ通りにあった魚料理専門店**ラ・シゴーニュ**を買い取り、自らの名を冠したプリュニエ（魚料理専門店の総称）、**グマール＝プリュニエ**に改名した。また、**デシリエ**（パリ十七区マレシャル・ジュアン広場九番地にある魚料理専門店）との裁判沙汰は、クルティーヌとの一件を思い出させる英雄的行為と言えよう。そう、「この店の鰈《かれい》は無駄に鮮度が悪い」とヴィアールが酷評したのに対し、第一次世界大戦の戦功十字章受賞者の恐れを知らぬオーナーが提訴したのだった。

要はまたもや、神話的批評家、伝説の時評担当者について長々と書く羽目になってしまった。彼らは皆、書き、語り、笑わせ、引用し、分類する術を心得ている。すなわち、文化と生の技法を混ぜ合わせるのだ。こうして、この仕事は、読み、見る機会を与えるだけではなく、夢見させることもその役割であることが明らかになったであろう。

最後に、私がここまで挙げられなかった人々について、一言申し上げさせていただきたい。というのも、二〇一一年の始まりにあたり、多様化し、制度化された美食批評は今や至る所で行われ、パリに限られたことではないからだ。

リヨンでは、かつてアンリ・クロ゠ジューヴ（1908 - 1981）が君臨していた。クロ゠ジューヴはレ・フランク・マションおよびラカデミー・ラブレの設立の尽力し、アレクサンドル・デュメーヌ（1895 - 1974）の伝記を執筆。また、朋友フェリックス・ブノワ（1971 - 1995）と共に注釈付きのレシピ集を出版した。それが『リヨンの料理』という美食の宝庫である。また、リヨンには三十年以上にわたり、アンドレ（1922 - 2007）と現在はクリスチャンのミュール父子によるポケット版ガイドブック『リヨン・グルマン』が広く知られている。それに対抗する形で、『リヨン・レストラン』というガイドを公刊したのがジャン゠フランソワ・メスプレド

*2　リヨン独自の食堂マションの伝統擁護および奨励のための博愛主義的慈善団体。一九六四年設立。

*3　クロ゠ジューヴおよびマルセル・グランシュールにより一九四八年に設立。キュルノンスキも創設メンバーの一人。ラブレの精神にもとづく美食団体。文学賞を設置。

（1948－）で、彼はその後、ミシュランガイドの主幹を務めた。

さらに、トゥールーズでは『ル・ギッド・ユベール』、ニースでは『ル・ガンティエ』、ボルドーでは『ル・バララン』がそれぞれ見出され、評価、評論、美食への言及が行われている。『ル・ギッド・ユベール』のジャン＝ピエール、マリ＝クレールのユベール夫妻はいくつかに王冠印がつく皿のマークで、『ル・ガンティエ』のジャック・ガンティエ（1947－）はオリーヴの枝の数で評価している。それはリヨン（Lyon）のミュール父子が月桂冠を抱く「ライオン（lyon）」マークで評価しているのと同様である。

また、これらのガイドには簡単な注釈が付されているが、だいたいは称賛するもので、酷評することはほとんどない。批評の対象にたいへん近しく、しばしば「友人であるレストラン経営者」にすり寄ってしまう傾向のある地方の批評は、感受性の強いアンリ・ゴーとクリスティアン・ミヨによる批評よりキュルノンスキのそれにより近いものがある。そして、かの二人のガイドブック『ゴー＝ミヨ』もまた今日、インターネット販売会社マジックボックスに買収されてしまったのである。

さらに、今やインターネットの時代である以上、批評もまた、新たなコミュニケーション手段によって取って代わられ、競合し、刺激を受け、対抗心をくすぐられている。それらツールはサイト、ブログなどであり、そこには流動的現状を報告する好意的（甘い）、あるいは辛口

（酸っぱい）、手厳しい（渋い・苦い）数々のコメントが溢れかえっている。中でも、フーディングの若き支持者たちは、悪意をもってインタネットゲームに興じている。かのゲーマーたちは人道支援にかこつけ、「飢餓に対抗する行動」への協力を謳い、社会活動家気取りの振舞いをお楽しみである。

また、フーディングの支持者たちは、まだ存在していないものの、あと二カ月も待てば年内に開店することがわかっている飲食店に「その年も最もお洒落な店」の称号を与えるのを拒もうとしなかった。その店というのは、イナキ・エズピタルトとフレデリック・ペスノーが営む**ル・ドファン**のことである。パリ十一区にある流行に敏感な事情通にとっては有名な場所ながら、隠れ家的存在の店。きわめて食通向きのタパス（スペインのバルで供されるおつまみ的小皿料理）バーで、奇妙な立方体の形をした大理石壁の建物は確かにあのオランダの世界的に有名な建築家、レム・コールハース（1944－）の作品なのだが……。したがって、若い世代が旧来のものとみなす仲間贔屓やなれ合いといったものは、あまりにも早く望むものを手に入れようとする者たちにもまた跳ね返ってくることがあるのだ。

17 嗅覚を用いて

嗅覚と良識をもって、誰よりも早く稀有な逸材を発見し、誰が明日のスターなのかを知ること。それこそが批評家第一の役目である。では、どのような者が探検者、案内人、斥候し警告する者となるべきか。それは、見知らぬ土地、精彩なき郊外、失われた地方、荒涼とした場所で危険を冒してまでも探し出そうとする者、他の人々の仕事を開拓するため、不気味な正面扉を押し開けることを厭わない者である。

「私はカーテンを食べに来た訳ではない」とはキュルノンスキの言葉であった。これはそれに相応しい場で引用するに飽きない名言である。たとえば、エリック・フレション（1963－）のことを思い浮かべていただきたい。彼は当初、才気あふれる援助者、熱心な次席（スー・シェフ)、陰の創作家、**オテル・クリヨン**でクリスチャン・コンスタンの見識ある、機知に富んだ、しかしながらあまりにも地味な助手であった。

その後、フレションはパリ十九区ビュット＝ショモン公園近くに**ラ・ヴェリエール**を開店。批評家たちは彼を後押ししたが、ミシュランは彼に見向きもしなかった。そこで、かつて見習いを務めた**ブリストル**に戻り、あっという間に階段を三マカロン(マカロンは勲章の意。料理人たちは「星」と言わず、「マカロン」と言う)の山の頂上にまで駆け上がる前、フレションは一度も星を取ったことはなかったのである。おそらく、フレションは独立してオーナーになるには向いていないのでは。つまり、レストラン経営者よりシェフ、オーベルジュの主人より根っからの料理人なのではないか、と。

そこで、批評家の役目は事の重要性を強調し、問題提起し、「なぜうまく行き」あるいは「どうして首尾よく行かないのか」を説明しようと試みることである。批評家であること、それはただ単に、探し出し、見つけ、言い当て、ほめそやすことではなく、寄る辺なき可哀そうなシェフに店を出す場所を変え、インテリアデザイナー、さらにはサーヴィスをも変更するよう勧めることにある。

かつて私は、ノルマンディー地方のブルイユ＝アン＝オージュにある**ル・ドファン**のニコリとしたところを見たことのない女主人を厳しく批判したことがある。オーナーシェフのレジス・ルコントの料理は美味しくまさにノルマンディーの味そのものなのだが。そのため、マダムは他の場所で店を出したいと思うほどだったらしいのだ。そこで、ルコントシェフに私は恨まれる羽目に。しかし、おそらく私はまったく間違っていなかったのだろう。というのも、彼はこう付け加えたのだ。「またお越しください。サーヴィスは変わりました。私は新しい妻を娶ったものですから」、と。

嗅覚。それはもちろん、いの一番にいまだ知られざる才能を認め、引き立たせ、讃美することのできる者に与えられた属性である。私は隠れた才能を世に出すのに貢献してきた人間の一人である。ブルターニュ地方カンカールにあるブリクール家の領地に建つレストラン、**メゾン・ド・ブリクール**のシェフ、オリヴィエ・ロランジェ（1955－）、ストラスブールにある**ビュルイーゼル**のアントワーヌ・ヴェスターマン（1949－）、さらに、サヴォワ地方アヌシーにある**オーベルジュ・ド・レリダン**のマルク・ヴェイラ。もちろん、彼が三つ星の塗油を受ける前のことである。

また同様に、その才能を発掘した例としては、パリ八区のホテル、ジョルジュサンクのメインダイニング、**ル・サンク**のフィリップ・ルジャンドル（1958－）、パリ十六区ロンシャン通りで**ジャマン**を開業した当時のジョエル・ロビュション、ブルゴーニュ地方ジョワニィにある**ラ・コート・サン＝ジャック**のジャン＝ミシェル・ロラン（1959－）、凱旋門近くのパリ十七区トロワイヨン通りで三つ星に君臨する以前、十六区デュレ通りに店を構えた当時のギー・サヴォワ（1953－）。さらに、パリで言えば、二区ノートル＝ダム・デ・ヴィクトワール通りにある**サテュルヌ**（一つ星）のスヴァン・シャルティエ、十七区バイヤン通りの**フレデリック・シモナン**（店名も同じ、一つ星）、一区サントノレ通りの一つ星**ヤムチャ**のアドリーヌ・グラタールらを見出し、しかるべき場所に据えたのも私である。

さらに、明日の流行を担う新たな俊英たちを先取りすることで、未来の真に偉大な食卓がどのようなものかが予想できる。そう、パリ七区サン＝ドミニク通りにある、一九五〇年代を新たに模した感のフェルトを用いたサロン風のまずまず快適な**トウミユー**の二階。シェフはジャン＝フランソワ・ピエージュ（1970－）。さらに、十六区ビュゴー大通りにある**レ・タブレット・ド・ジャン＝ルイ・ノミコ**（現在一つ星）の折衷主義的ながらシックなホール。また、忘れてならないのは、ベーレンタールにある**ランスブール**のジャン＝ジョルジュ・クライン（1950－）。繰り返すが、彼はその星の数（そう、三つ星。でも、彼はロレーヌの片田舎にいる）にもかかわらず、今日もほとんど知られていない。さらに、レジス・マルコン（1956－）。彼もまた、オーベルニュ地方サン＝ボネ＝ル＝フロワ第一のオーベルジュ経営者であり、その地位に留まっている。

私はすべてのシェフ、あらゆる店が成長するのを見届けて来た。私はその歩みに伴走し、その経歴に追従し、その進化＝深化を実際に確かめ、その飛躍を先取りして評価しようと努めて来た。たとえば、わが『ピュドロ・フランス』で、アンヌ＝ソフィ・ピック（1969－）を三つ皿に、すなわち、フランス最高峰の店の一つとして叙したのは、ミシュランが三つ星を与える五年も前のことだった。しかし、そんなソフィがフォワグラとマグロを混ぜ合わせた料理を出したり、至る所で少々の甘味を効かせ始めた時、私は彼女をほんのちょっぴり叱責し、意地悪を言い、からかったものである。

また、私はエレーヌ・ダローズ（1967－、パリ六区ダサス通り、現在一つ星）を称賛し、パリの位階の頂点に据えた。その際、私の男性の同業者たちは彼女を相手にしなかった。インテリで可愛らしく、抜け目ない彼女を。それは高等商業学校の出身で、デュカスのもとで経営を学んだ女性だったからだ。彼らはエレーヌをともかくも正真正銘の料理人として、真面目に評価することがどうしてもできなかったのである。

私はまた、他の誰よりも早く、スティラン・ワンデルにある**ラ・ボンヌ・オーベルジュ**（現在一つ星）のエグロフ姉妹を見出した。姉のリディア（1956－）は「鳥がさえずるように」料理し、妹のイザベル（1961－）は名人級の鼻でワインを選ぶ。私は世界のどこであれ、成功を収めた女性シェフの栄光を褒め称えたいと思う。そう、イタリアで（女性シェフが星を取った五店舗の内、三店が「三つ星」である）、スペインで（カタルーニャ地方サン・ポル・デ・マルにある**サン・**

パウ〔三つ星〕のカルメ・ルスカイェーダ〔1952 − 〕）、オーストリア（ザルツブルク州フィルツモースにある**フベルトゥス**〔二つ星〕のヨハンナ・マイヤー〔1951 − 〕）、さらにはルクセンブルグでも（フランスとの国境フリザンジュの、ペティコートを着た女ボキューズの異名を轟かせるレア・ランステル〔1955 − 、一つ星、サッカーのバロン・ドールならぬフランス料理界のボキューズ・ドールを一九八九年に獲得。現在に至るまで女性の受賞者はランステル唯一人であることから〕）。

さらに、フラマリオン社から出版した、共同作業者のモーリス・ルージュモンによる素晴らしい写真が多数載っている美しいアルバム、『彼女らはシェフである』（二〇〇五年）で私は、料理人たる女性は男性と同じ才能を有する者であると大胆な発言をした。それはグルメ記事や諸々のガイドブック（彼女らにほんの少ししか星を与えようとしないミシュランを筆頭に）が認めたがらない事柄である。そして、批評の嗅覚もまた、グルメ記事やガイドブックが嫌悪するものなのだ。

それは厚かましいほど大胆かつ勇気果敢に、必要とされる適切な言葉を見つけ出すこと。そして、今度は自分の番だと言っていただきたい。すべての「黄金のノート」[*1]はそれぞれ価値を有する。だから願わくば、あなたの意中のシェフを誠心誠意、熱意をもって、前面へと思い切って押し出してあげていただきたいのだ。

＊1　イギリスの作家ドリス・レッシング（1919－2013）が一九六二年に発表した小説の名。女性に対するさまざまな差別、さらに女性の自立について書かれたウーマンリブの支柱となった作品。レッシングは二〇〇七年、ノーベル文学賞を受賞。

18 流行の波に乗る

流行の波に乗る。それは流行を創出し、そうした錯覚を与え、輪郭を描き、全体を掌握し、定義し、方程式を立てること。あるいは、細かくかみ砕いて、策を用いて切り抜け、最終的に自分の味方につけること。これらもまた、美食批評家の役目である。美食批評家は、同時にそして代わる代わる、時代の流行に対する先導者でありながら一刀両断する者ともなり、擁護者でありながら再創造者でもあらねばならない。

料理は時代を通してそのつど「新しい」ものとなる。二〇〇七年九月六日の『ル・モンド』紙に掲載されたジャン＝クロード・リボーによるインタヴューで、昨今の「グランド・キュイジーヌ（偉大なるフランス料理）」とゴー＝ミヨの説いた在りし日の「ヌーヴェル・キュイジーヌ（新フランス料理）」との関係について尋ねられた、ローザンヌ近郊クリシェに店を構えるスイスの天才的シェフ、フレディ・ジラルデ（1936－）はこう答えている。

「ヌーヴェル・キュイジーヌが可能にしたもの。それは、食材への新たなまなざし、さまざまな形の火の入れ方、ソースを軽くすること、食餌養生への配慮など時代の期待に応えるものでした。それは時に劇画化され、歪められもしました。が、結局、その貢献は益となるものだったのです」

この発言はきわめて見事に事を正確に言い射ているということができよう。

また、すでに引用した『美食愛事典』で、クリスチャン・ミヨは率直にこう告白している。「当たり前のことであるが、われわれは何も創出していない。ある料理を生み出すには、少なくとも実際料理する必要がある。それはわれわれの仕事ではなく、われわれは料理などまったくできない。われわれはただその様式を見つけ出すだけ。しかも、その様式は人目を惹き、首尾よく「マーケティング」に役立つかといえばそのようなこともなく、それどころか、過去においてすでに役立ってきたものであることを告白することになるのが落ちである」、と。

そして、十八世紀にこう吼えたヴォルテールを引用している。「いやはや、このヌーヴェル・キュイジーヌなるものをどうか私に食べさせないで欲しい。塩辛いソースに浮かぶリ・ド・ヴォーはとても食べられたものではないし、モリーユ茸、胡椒、ナツメグの度が過ぎた料理にも耐えかねる。しかるに、料理人たちはこれらの料理がそれ自体健康にとても良いものと偽りを言い張るのみ」

そして今日、至る所で、ラングスティーヌ（アカザエビ）とキウイのマリアージュとか、泡（エスプーマ）や分子料理の災禍を見るにつけ、クリスチャン・ミヨはそれらを「キュイジーヌ・リーブル（自由料理）」と呼ぶことを好み（第一次世界大戦直前、ジュール・マンカーヴ〔1890−1920?〕によって称揚された「未来派料理」と進んで比較しつつ）、節度、地方料理、ビストロ料理への回帰を強く奨励している。しかし、ミヨは、小さな棒状、ムース状、さらにはジュレ状の野菜、牡蠣の泡、エスプーマに用いるサイフォン瓶の使用をあちこちで見つけ出すのに精根尽き果てて、そのようなことを言い出したわけではない。彼はずっと以前から、料理の基本への回帰、事の明晰さ、純粋性、真理への回帰、すなわち、一見彼の主張と相反するように思われる地方や伝統への回帰を説いていたのだった。

私もまた、自らが「田舎風に＝洗練された」さらには「田舎風に＝粋な」といった逆説的な形容詞を思い切って用いたことをよく覚えている。それはクリスチャン・コンスタンがクリヨンホテルの**レ・ザンバサトゥール**のシェフになったばかりの二十五年も前のことである。そして、それらの形容詞をコンスタンの創ったオマール入りドフィネ風グラタン、仔羊のシャンヴァロン風を評するのに用いたのだった。

また、こうした潮流に関しては「ビストロ・ガストロ」の流行を言祝ぐことを忘れてはなるまい。これを世に広めたのは、まさにあの同じクリスチャン・コンスタンとその弟子イヴ・カンドボルド（1964－）である。カンドボルドは十一区の**ル・カムロ**、十四区の**ラ・レギャラード**を経て、現在は六区で**ル・コントワール・デュ・ルレ**を営んでいる。そして、彼らの好敵手として登場してきたのが、**ラントレジュ**（パリ十七区）、**ラヴァン＝グー**（十三区）、**シェ・ミシェル**（九区）、**ルルシヌ**（十三区）、**イエール・エ・オジュールデュイ**（十七区）、**ル・ブションヌ・エ・ラシェット**（十七区）、**ラ・カーヴ・ド・ロス・ア・モエル**（十五区）、**ル・パントリュシュ**（九区）、**クリスタル・ド・セル**（十五区）、**ル・キャス＝ノワ**（十五区）、**ル・ブール・ノワゼット**（十五区）、**ユジェーヌ**（八区）、**ジャディ**（十五区）などであり、すでに言及してきた店も数多い。

危機の時代に、確かな価値に裏付けされた安心を渇望する時代の趨勢。それこそが、若いシェフたちによって創意工夫された食通のためのビストロの増加につながったのだ。シェフたちは格付けされた名店で働きながら、超高級な料理の世界から飛び出し、慎ましやかな節度という偉大なルールを守ろう＝大いなるゲームに興じよう（jouer le grand jeu）と決心したのだ。

さらに、アレクサンドル・カマスの周囲に集まった「フーディング」の若き友たち。彼ら／彼女らはアヴェロン地方の人々のように抜け目なく、アイディアに欠くことがない。事実、

「フード（食物）」と「フィーリング（感覚）」を結び付け、「フーディング」という英語を用いたフランス語を創出し、商標登録し、商標権を獲得したのだ。つまり、フーディングの友たちの言に従えば、料理（フード）と快楽（フィーリング）を同時に連想させる言葉の創出は「時代への嗅覚」を映し出すだけでなく、イタリアを代表するスパークリングミネラルウォーター、サン・ペレグリノやTGV（フランス新幹線）といった有益なスポンサーを集めようと狙ったものでもあったのだ。

彼ら／彼女らはまた、「ビストロノミ」という言葉も世に出した。前の段落で名前を挙げたような美食を提供するビストロの興隆という同じ流行に乗じて。これらのビストロもまた時代を反映する形で、多くの場合、超高級店の偉大なシェフの弟子たちが、今度は自分がオーナーシェフになる番だと一念発起して開店したものだ。それらはモダンな雰囲気の空間で手頃な価格のコース料理を質の良い「がぶ飲みワイン」と共に楽しむ店である。カエサルのものはカエサルへ。

実はこのフーディングという言葉。後にフランステレビ1チャンネルTF1の「マスターシェフ」という番組の審査委員となったフリーライターのセバスチャン・ドゥモラン（1969―）が命名者である。それは二〇〇四年七月、フーディングの反省会の折のことであった。定式化するのに実に的を射た実り多き言葉であると評価できよう。

持続するものもあれば消失するものもあり、そのまま留まるものもあれば元に戻るものもある。しかし、とりわけ、時代の切望するものを同定することを可能にする定式化や定式を見つけ出すこと。それもまた、美食批評家に割り当てられた教育者としての役目である。

美食批評家は、客が自身の欲望を特定できるようにしなくてはならない。私は確固たるもの、寛大なるもの、上手になされたもの、同じものが作れるもの、必要とあらば手を使ってでも食べる記憶に残る料理を望む。これはポール・ボキューズがよく口にしていたことだ。ブリヤ＝サヴァランと並ぶもう一人の偉大なる食通のアフォリズム作者だったボキューズは、もしコンジュ・オ・モン・ドールの有名シェフでなければ、間違いなくジャーナリストかグルメ欄の主筆になっていたことだろう。しかもボキューズはリヨン地方を手中に収めたのみならず、その威光《オーラ》はフランス中に浸透し、料理人を調理場の外へと初めて連れ出すことになったのである。

ボキューズ以前、シェフがスターであることは滅多になかった。いたとすれば、ロシア皇帝アレクサンドルの料理人、アントナン・カレーム（1783－1833）、さらにはロンドンのカールトンホテル、パリのオテルリッツのシェフであったオーギュスト・エスコフィエ（1846－1935）あたりであろうか。エスコフィエは超高級ホテルの料理および建築的なグラン・キュイジーヌ基準型を成文化した。

それに先立ち、グラン・キュイジーヌの明確なレシピ化に貢献したのがジュール・グッフェ

（1807－77）やエドゥアール・ニニョン（1865－1935）であり、グラン・キュイジーヌを「芸術的料理」としてその輪郭を描き、定義したのがユルバン・デュボワ（1818－1901）であった。

二〇世紀に入ると、リヨン近郊ヴィエンヌにある**ピラミッド**のフェルナン・ポワン（1897－1955）は蝶ネクタイ姿でホールを闊歩していた。その一方で調理場では、未来のスターたる見習いたち（ボキューズ、トロワグロ、ウーティエら）が懸命に働いていたのである。しかるに、ボキューズは真に現代の料理人としての範を示す人物であり続けた。とりわけ、超高級ホテルの現役のシェフたち、たとえば、**ムーリス**のヤニック・アレノや**ブリストル**のエリック・フレションらがスターシェフ並みの給料を受け取ることができるようになったのもボキューズの尽力があったからである。

さらに、サッカー従事者に選手より指導者向きの人物がいるように、ホテルのシェフにも、さまざまな役職を兼任し、個々の料理あるいはコース料理のメニュの作成、さらにはそのメニュへの署名といった作業に、パリ、ドバイ、香港、アルプス山中に開発されたリゾート地クールシュヴェル、モロッコ中央部のマラケシュと、世界各地で携わることを可能にしたのもボキューズに他ならない。

そして、シェフというよりはるかにスター性の強いスターシェフの流行――というのも、今日、「世界を＝飛びまわる」ビジネスマン、アラン・デュカスがソースをかき混ぜたり、サラダを混ぜ合わせる姿を想像できるだろうか――。そうした流行はもちろん、それを帰すべき人物のなせる業である。そして、それは間違いなくアンリ・ゴーとクリスチャン・ミヨの功績に他ならない。スターシェフたちが讃美された時代。それはまた、彼らを流行にすることで、グルメ記者たちが栄光に浴することとなった時代でもあった。

そう、ミシェル・ゲラール（1933－）の軽やかな食養生を考慮した「痩身《マンスール》」料理。もちろん、それらの料理は食通を唸らせるものがなければならないとゲラールは考えていた。また、フレディ・ジラルデの自発的料理、さらにはピエール・ガニェール（1950－）の瞬間料理などなど。ガニェール、彼は現代フランス料理界の天才的創造者である。その彼は言う。「料理、それは芸術であり、愛であり、技である」、と。

19

影響力をもつ者

美食批評家はどんなことにも対応し、流行を作っては壊し、作り直し、再創造する者である。人はそれを目にし、見直し、理解する。そして、美食批評家は何よりも、問いに直ちに明確に答える者である。そう、最高のブランケット、エスカルゴ、ウフ・マヨネーズ（ゆで卵にマヨネーズをかけたもの）はどこにあるのか、といった問いに。

美食批評家は自らの知を実践によって証明することで、答えを必ずや知っており、もっている者。そして、郵便、ＳＭＳですぐに答えを与え、自らのあるいは他の人のブログでコメント付きの返答を寄せることができる者である。さらに、美食批評家は「なんでも御存知さん」であり、何一つ見落とすことのない者、パイプ役、影響力を持つ代理人《エージェント》、しかも採用まで（たいていの場合、無償で。しかし、いつもとは限らない。この件に関しては再び取り上げる予定である）。不動産屋のような役目も。そして、もちろん出版の助言といった役回りも演じる者である。

ところで、前章の終わりに引用したゲラール、ジラルデ、ガニェールに関する定式化——ゲラールに対しては「食通をも唸らせる」「偉大なる痩身料理」、ジラールは「自発的」で、ガニェールは「瞬間的」——は偶然選択された定義ではなく、ある歴史的叢書に登場した書名から採られたものに他ならない。そして、それらはクロード・ルベ（本名、クロード・ジョリ、1923－2017）がロベール・ラフォン社から出版したものである。ルベはまた、百人クラブ（クラブ・デ・サン、食通・グルメの名士、企業のリーダーなど多くが一堂に会する出会いの場）の会員であり、実業家（織物産業のデキャン、次いでファッションブランドのペル・スポークの営業部長）の顔ももつ。そして、先ごろ、クロードは自らの名を冠したパリのガイドブック『ギッド・ルベ』をアシェットグループの元トップだったジェラール・ド・ロクモレル（1946－）に売却した。彼こそ、業界に影響を与える人物の典型そのものと言えよう。

ルベはまた、『レクスプレス』誌のグルメ欄担当記者でもあり、ゴー＝ミヨの協力者、同時に並行して食品会社、ホテルのグループ企業（アコー、コンコルド）へのアヴァイザーの仕事も献身的にこなしている。多くの影響力、人脈がルベに帰され、彼はそれらを巧みに実り多きものにした。たとえば、南西部でのミシェル・ゲラールとの缶詰会社の設立——しかし、それほどのものではなかったが――、そして、テレビ番組など。また、一流シェフにとっておきの場所にある店舗を探してくるのも得意で、アラン・サンドランス（1939－2017）のためにパリ八区マドレーヌ広場の**ルカ・キャルトン**を。

ルカ・キャルトンに関しては、経営をシャンパーニュのヴランケン＝ラフィット社とポメリー社の社長を兼任する勝負運が強く人の好いポール＝フランソワ・ヴランケン（1947－）の手に委ねることで、財政上の永続性を確実なものにしたのである。それはまた、アラン・デュトゥルニエ（1949－）のパリ一区カスティグリヨン通りの**キャレ・デ・フイヤン**についても同様である。これらはクロード・ルベの最も有名な功績のいくつかである。

しかるに、彼の全業績の中で歴史的に最も重要なことを忘れてはなるまい。それは一九七〇年代後半、ルベの提案で、時のジスカール・デスタン（1926－）大統領によって、レジオン・ドヌール勲章が料理人にも与えられることになり、一九七五年、ボキューズが料理人として初めて叙勲するに至ったことである。それはその後、他の料理人たちが首尾よく勲章を授かる前触れとなったのである。

しかし、それらはまさしく八面六臂の活躍であった。そして、パリのレストランガイドを主宰すること三年先輩に当たるクロードは（クロードは私より三十歳近く年上だが、共に十一月生まれの蠍座で……）、長きにわたり、判断し、決断を下し、評価し続けてきた。そして、星の代わりにエッフェル塔を与え（最高三つ）、店で出されるパンやコーヒーにまでその質を記号化し、評価した（パンはバケット、コーヒーはカップ、他にワイン〔グラス〕、フロマージュもあり、すべて三つが最高）。また『ビストロ・ルベ』では、食品関連企業に協賛してもらいメーカーの名を冠した賞を毎年、授与している（その企業には、食前酒のリレ、調理器具メーカーのストウブやル・クルーゼ、ネスカフェが名を連ねる）。

また、ルベは現在こそ中止しているものの、期待外れの店に対してエッフェル塔がひっくり返ったマークを付与する評価基準を設けている。彼の鋭い嗅覚、味覚の適切さ（ウフ・マヨを熱愛し、臓物とりわけ仔牛の頭肉を崇拝し、チョコレートをバリバリ食べる者クラブという団体まで設立）は判断の確かさ同様、それが誰によってであれ、再検討の余地なきものに他ならない。われわれはそれを認めざるを得ない。

もう一人の影響力をもつ者。彼もまた自らの流儀で、「なんでも御存知さん」である人物。それがニコラ・ド・ラボディである。彼は間違いなく、評判の高い時評担当者の中でも教養にあふれた最後の人物の一人である。彼は長きにわたり、『パリ・マッチ』誌で芸能（演劇・映画）ジャーナリストとして活躍。良きレストランに判断を行使する前に、映画に星を与えていたのである。

ラボディは彼自身の言い方に従えば、「レストラン・コレクター」ということになる。そして、フランスで最も優れたレストランの格付けを読者に届けたのである。一九七五年にラテス社から時代を画する最初のガイド本を出版すると、翌一九七六年には、中でも際立った五十軒のレストランの人気番付（ヒットパレード）を刊行（『フランスで最も優れた五十のレストランガイド』）。さらにラボディは二〇〇九年に加筆した改訂新版をアルフェ社から公刊した（『フランスで最も優れた五十のレストランの歴史』）。また彼は美食と歴史や聖人伝（『レオネル、偉大なる者たちの料理人』ルネサンス出版社、一九七八年）、追想（『スパゲティ、黒トリュフ、そして食通の悦び』ル・ルエルグ社、二〇〇五年）、小説（『美食界の貴公子の隆盛と失墜』アルフェ社、二〇一〇年）を混ぜ合わせる術をも心得ている。

さらに、『ルヴュ・デュ・シャンパーニュ』を創刊し、『フランス・ソワール』紙、『ル・フィガロ』紙、『トロワ・ゼトワール』誌に寄稿し活躍したのち、『ル・モンド』紙主筆だったジャン＝マリ・コロンバニ（1948－）のインターネット新聞『スラート』でグルメ欄担当記者となり、それと並行して、バンジャマン・ド・ロートシルト（1963－）の美食アドヴァイザーに就任。バンジャマンは父エドモン（1926－97）の莫大な遺産の一部を相続していた。土地の購入、シャトーの市場調査、とりわけアルボワ山ムジェーヴの広大な土地の一大リゾート「ドメーヌ・デュ・モン・ダルボワ」に関してはシェフの人選にもアドヴァイスを行った。シェフの招聘、まさしくこれこそ、他の何より彼の得意とする分野である。

名門貴族の末裔で、口達者でチャーミング、大の読書家で、能弁な大酒飲み。そんなラボディは気ままなグルメ旅人でもあった。ヴェニス（彼はジュデッカ島にあるチプリアーニやサンマルコ広場近くにあるバウアーを常宿としていた）、ジュネーヴ、ニューヨークと世界を股にかけ、もちろん、リヨン、パリ、ブルゴーニュなどなどフランス各地へも足の向くまま、気の向くまま。愛想がよく、熱いハートの持ち主で、古めかした言い回しを好む（シェフと言わずに「ク」と言う。料理長［maître queux、メートル・ク］の「ク」から）人物。「グーラルディーズ（食いしん坊）」（彼の好む言い方、これも古風な表現）としてかくしゃくと振舞い、時代がかった弁舌を弄してキュルノンスキ風を決め込み、実際、キュルノンスキにならって、自らを「美食の放浪者《ノマド》」と定義する。賢人、教養人たるニコラは温厚で友好的、阿吽の呼吸の持ち主である術を知っていた。それに対し、クロード・ルベはつっけんどんで扱いづらく、すぐに毛を逆なでる大きな雄猫のごとくであった。

ところで、教養があり影響力をもつ人間が、食通の世界で知られているのとは別の職業に就いていることがある。『ル・モンド』紙のジャン＝クロード・リボーのように本職が建築家というケースがある。また、フード・インテリジェンスというブログのブロガー、ブリュノ・ヴェルジュスはコンサルティングにたけたデザイナーが本職で、議論の仕切り屋でアイディアマン。さらに、ジャン＝ルイ・ガレスヌ（1945－）は『ロック＆フォーク』誌でもともとロックの記事を書いていたが、現在、グルメ旅行家として活躍し、『レ・ゼコー』紙で見識を披露している。もちろん、ほんの通りがかりで、私は彼/彼女ら影響力をもつ者たちの幾ばくかを失念してしまっている。どうかお許し願いたい。

ともかくも、そのような人物の誰もが要求に応じて、自分がご執心の店、足繁く通っている店、シチュエーションなり、看板料理なり、予算別といった具体的なケースごとにお薦めの店のリストをあなたに提供してくれることだろう。さらに、彼/彼女らは自分がすぐにでも行ってみたいと思う店のリスト(「ウィッシュ・リスト」と呼ばれている)をも教えてくれるだろう。そしてその際、何としてもあなたに分かち合ってほしいと願い、そう心がけているのである。

20

失われし美味なる食べ物を求めて

「良き食材なしに美味しい料理はあり得ない」

これがポール・ボキューズのモットーであると人は皆言う。そして、彼のさまざまな警句は高徳なる自明の理として引用されるに事欠かない。

しかるに、「料理における主役《スター》、それは食材に他ならない」と、ベルナール・ロワゾーはそれ以上の讃えようである。さらに、「テュルボ（大型のひらめ）なき天才より、天才なきテュルボの方がよほど価値がある」とアラン・デュカスは力説する。これらは、料理人たるもの、自らが探し求め、気を配るものの背後へと、少なくともある点で自ら身を控えなければ、その料理人は立派でも偉大でもないことを示さんとした言葉である。

実際ここ何年も、上質の食べ物を作り、選び、良きものを追求し、奨励する新たな職人たちが、料理界のスターとなっている。そして、そのような人々を見出すこともまた、まさしく美食批評家の役目に他ならない。

それはもちろん、ピエール・エルメ（1961－）のようなパティシエだけを指すものではない。エルメはパティシエの中でも最もメディアに露出しており、日本ではスター並みの扱いを受けているマカロンの王である。パリ八区マドレーヌ広場の高級食料品店**フォション**で主任パティシエを務めたのち、パリのパティスリー、マカロン・パリジャンの発祥店**ラデュレ**で副社長を歴任。ついに一九九八年、独立し、自らの名を冠した店を開業。瞬く間にあちこちに店舗を増やした。そのスタイルは薔薇とライチを合わせた有名なマカロン、イスパアンのように斬新な組み合わせを前面に押し出したものだが、それはエルメ一人に限ったことではない。もっと多くの菓子職人が世に知られるべきである。

パリ六区アサス通りに店を構えるクリスチャン・コンスタンは第一級のチョコレートの巨匠である。また、パリ八区フォーブル・サン＝トノレ通りに一九七七年に開業した**メゾン・ド・ショコラ**の創業者ロベール・ランクス（1929－2014）は「ガナッシュの魔術師」（ジャン＝ポール・アロンの言）と呼ばれている。ランクスにとって、チョコレート作りは苦行、儀式、典礼であった。そして、「ロメオ」（挽き立てコーヒーの抽出液入りチョコレート）では綱渡り芸人、「リゴレット」(バターキャラメル入り)では王子、「ランダルジー」(レモンピール入り)では曲芸師を演じてみせた。ランクスによれば、チョコレート作りの技法には、宝石加工師/彫金師の手先の器用さ、軽業師の巧妙さ、そして外科医の細心さをすべて兼ね備える必要があるという。

グランシェフのように、批評家によって偉大なる名人(グラン・メートル)として近年紹介されたことで、表舞台に登場してきたショコラティエとして、もちろん他の名も挙げることができる。

そう、ジャン=ポール・エヴァン(1957-)、パトリック・ロジェ(1968-、蜂蜜入りチョコレート王子)、ベルギー人のフィリップ・マルコリーニ(1964-)、そして、「チョコレートの溶接工、鋳物職」の専門家、ジャック・ジュナンらであろうか。

私が彼らを忘れていたのか、って。それは私が見出そうとするのは、エヴァンらすでに巨匠の名をほしいままにしている者たちではなく、目下活躍している職人であり、さらに明日を予言する者、最新の流行を追い求める者たちだから。そして昨今、パン職人(ブーランジェ)にその職業におけるスターが登場しているのも同様の流行現象である。バゲットの公爵、ブール・ド・カンパーニュの男爵、酵母の芸術家とかが登場してきたのである。もちろん、今は亡きリオネル・ポワラーヌ(1945-2002)のような有名なパン職人は存在した。ポワラーヌは全世界向けの商品に「オー・ル・パン」という名を与えたが、それは自身の名のアナグラムに他ならなかった。さらに、ベルナール・ガナショーもまた、「フリュート・ガナ」という自らの名を冠したパンを創作している。これはプーリッシュ法で作られた有名なフランスパンで、ゆっくり液状で発酵させた昔ながらのかなり薫香が効いたパンである。

今日、パンの世界には、若きそしてあまり若くはないものの時代の立役者というべきスターたちがいる。彼らは時に、パンの領域に関しては独学、あるいは師を瞬く間に追い抜いてしまった弟子だったり、香草入りパンの、パンの中身に気泡を入れる技の、皮をカリッと仕上げる名人だったりする。彼らの名は、ジャン＝リュック・プージョラン、ドミニク・セブロン、クリストフ・ヴァスール（**デュ・パン・エ・デ・ジデ**）、フレデリック・ラロス（**ル・カルティエ・デュ・パン**）、バジル・カミール（**ル・ムーラン・ド・ラ・ヴィエルジュ**）、ロドルフ・ランドメーヌ（**メゾン・ランドメーヌ**）、アルノー・デルモンテル（同名の店が九区マルティル通りに）、さらにゴントラン・シェリエ（1978–）は「イケメンパン職人」としてテレビで知名度を上げてから満を持して二〇一〇年、モンマルトルに自らの名を冠した店を出したのである。

もちろん、パリのブランジュリーだけが言及するに値する訳ではなく、地方にも注意を払うことを忘れてはいない。ブレストとランニリスにある**フィニステール・ノール**という店のミシェル・イザール、ストラスブールとコルマールにある**ル・パン・ド・モン・グラン＝ペール**のパトリック・ディネル、トゥールに**オ・ヴェ・フール**を構えるジャック・マウも挙げない訳にはいくまい。彼はトゥール生まれのロワール地方のポワラーヌのような人物である。これらのパン職人は皆、酵母の風味を生かしたパンの美味しさを追求し、日々精進している。その際、彼らが推奨するのが長時間発酵と魅惑的な成果をもたらす適度な酵母の量である。

　これらの名の列挙があなたをうんざりさせませんように。というのも、それは今日、食いしん坊たちのスターがシェフだけではないことの徴《しるし》に過ぎないのだから。好奇心旺盛な美食批評家たるもの、スターたちに脚光が浴びるよう気を配り、『ピュドロ・パリ』のようなガイド本で顕彰するよう心がけるべきである。[*1] 今日の食通たちのスターは、まさしく口に入れるもの全般の職人に他ならない。

　二十一世紀の幕開けと共に、上質で、有機、自然派、チーズであれば生乳使用といった食べ物は、料理人同様、数多く多様で、幅広く多彩であらねばならないとこれらの職人たちは力説する。シャルキュティエ（食肉加工品職人）であれば、パリ六区ノートルダム＝デ＝シャン通りの**メゾン・ヴェロ**のジル・ヴェロ（「パリのハムの王様」〔ピュドロ〕）、フランス南部ラギオールの**メゾン・コンケ**のコンケ、リヨンのシビラとレイノン、ロレーヌ地方メスのエリック・アンベール、アルザス地方モルスハイムのヒラー、ストラスブールのジャン＝ポール・キルン。彼らはまさしくこのジャンルにおけるスターに他ならない。

　次に、選り抜きのブシェール（肉屋）としてこの分野でエース級の人物を挙げてみよう。彼らはブレス産およびランド産の鶏、アヴェロンのアントン仔羊、ピレネのアシュリア仔羊、ノルマン牛、ジンメンタール牛、シャロン種牛、サレール牛といった食肉を高く評価している。

さて、その名は、パリ八区フォーブル・サン＝トノレ通りに**ブシュリー・ニヴェルネーズ**を構えるベルナール、十九区コランタン＝カリウ通りで**ラローズ**を営むミシェルのビソネ兄弟、パリ十四区ブーラール通りの**ユーゴ・デノワイエ**、フランスの大部分の高級店御用達で、ランジス市場に入っている**メッガー**である。

次はフロマジェ（チーズの専門家）に移ろう。この呼び名は男性も女性にも用いられている。ここでは、三つ星店御用達で、ワゴンサーヴィスで供され、店の格式に花を添えるフロマージュのスペシャリストたちを挙げておこう。彼ら／彼女らは生乳から作られる美味なるチーズを不特定の客のため、選び、熟成させ、手間暇かけるプロである。すぐに思い浮かぶだけでも、以下の通りである。

アルザス地方ミュルーズの南に位置するヴュー・フェレットに店を構えるベルナール・アントニー、ブルターニュ地方カンカールとレンヌに店のあるジャン＝イヴ・ボルディエ、ロ

---

*1 『ピュドロ・パリ』二〇一八年版では、レストラン関係者以外に、「今年の」パン職人、パティシエ、フロマジェ（チーズの専門家・店）、トレファクトゥール（焙煎職人、珈琲店）が選出されている。

ワール県ロアンヌに店舗、サン＝タオン＝ル＝シャテルに熟成庫をもつモンス兄弟、フランス北部ナンシーのマルシャン兄弟、さらに、ストラスブールのシリル・ロルホ、リヨンのルネ・リシャール、トゥールのロドルフ・ル＝ムニエ、フランス南東部グルノーブルのベルナール・ミュール＝ラヴォー、スイスの国境、レマン湖畔、トノンのフレデリック・ロワイエ。

　そしてパリには、マリー＝アンヌ・カンタン（七区、シャン・ド・マルス通り）、マリー・キャトルオム（七区、セーヴル通り）、マルティーヌ・デュボワ（十七区、トクヴィル通り）、ニコル・バルテルミ（七区、リュー・ド・バック通り）、フィリップ・アレオス（十七区、ポンスレ通り）、エリック・ルフェーヴル（**フロマジュリー・ド・パリ**、十二区シャラントン通り）など他にも多数存在する。彼ら／彼女らには、時にフランス最優秀国家職人（ＭＯＦ、青・白・赤の三色旗の色の入った襟の白衣がユニフォーム）の肩書を有する者、フロマジェの世界チャンピオンさえいるのだ……。

　彼ら／彼女らと共に、失われし美味なる食べ物を探すことはこの上ない喜びである。イゼール川流域でいまなお四名の生産者によって作られているル・ブルー・ド・テルミニョン（チーズ愛好家が探し求める珍しいチーズ）、乳酸菌を加えて作る最上のアボンダンス、コンテ・フリュイテ、クリーミーなルブロション、大地の風味を感じるサン＝ネクテール、ボーフォール・ダルパージュ、目の詰まったカンタル、脆いラギオール、滑らかなヴァシュラン、流れ出しそうな、しかし過度はいけないブリ、正真正銘のカマンベール、「大佐（コロネル）」を表す五本線の緑色のレーシュ（帯の一種）を巻いたリヴァロ、酸っぱくなった牛乳の匂いのするポン＝レヴェック、シェーヴル・サンドレ、シェーヴル・フレ、シェーヴル・セックあるいはセレ。これらのフロマージュを探し出すこと。それは一種のスポーツのようなもので、フランスの美しい小村を、くまなくすべて、ゆっくり心地よく探訪するのに似ている。

さらに、一流レストランのメニュに用いられる食材の才能ある生産者に讃辞を記すこと。これもまた、抗しきれずに敬意をもって、アンケート、調査と行動に移してしまう批評家ならではの在り方《モード》の一つである。

ではさっそく、注目すべき作り手を挙げてみよう。野菜は、イル・ド・フランスの野菜作り名人**ラミ・ジョエル**（ジョエル・ティエボー）から届いたものを。鳩は、ブルターニュのポール・ルノーの店のものを。牡蠣は、イヴォン・マデック、ジャック・キャドレ、ジラルド、そして、デヴィド・エルヴェ。イベリコ豚のハムは、ハブーゴ産か、パリの**ベロータベロータ**で購入したものを。そして、ブランドは何といっても一八七九年創業のロメオ・サンチェス・カルハバル社の「５Ｊ（シンコ・ホタス）」に限る。純血のイベリコ豚から作られるその生ハムは唯一の王室御用達。そして、本来王室関係者しか口にできなかった「５Ｊ」を一般市民にも開放したという寛大なる心について語ること。これこそまさしく、批評家の役目に他ならない。

それは物事の表面をなぞるだけではなく、その根源にまでさかのぼり、上質の食通を極めんとすることである。

こうしたことを行うことで、批評家は自身本来の役割へと戻って行く。ここで、グリモ・ドゥ・ラ・レニエール、彼の最初の『食通年鑑』、すなわちその「パリグルメ案内」を思い出していただきたい。グリモはそこで、パレ・ロワイヤルおよびその界隈で、他のどの店よりも**メゾン・コルセレ**の食の喜びについて語っていた。それは一世紀半後、ゴー゠ミヨによって受け継がれ、惣菜屋兼パティシエのルノートル（ガストン、1920－2009）、わが時代のコルセレことポール・コルセレ（1910－93）、アイスクリームのベルティヨン（レイモン、1923－2014）の名が挙げられ、さらにロンドンはメイフェアにある精肉店アレンとジョン・ベイリー・アンド・サンズにまで言及するに至ったのである。

失われ、再発見された食べ物に敬意を表し、さらにそのお気に入りの職人、専門の製造業者、えり抜きの目利きに讃辞を惜しまぬこと。これは食通の原点に戻ることであり、問題を検討し、裏方の人々に感謝することに他ならない。そしてそれは何より、彼ら／彼女らなくして、食事がつつがなく実行されることはなく、それゆえ、探求心旺盛で充分準備された批評にもまた、彼ら／彼女らなくしてはあり得ないような人々に対して、記憶に留める義務があるのだ。

21

悪魔は細部に宿る

完璧に近い皿のちょっとしたへまを指摘し追い詰め、不味い料理をことさら強調し、滑稽な呼び名を嘲笑し、知らず知らずのクセに言及し、時代のトリソッタンたち（モリエールの喜劇『女学者』に登場する財産目当てのエセ学者）を告発すること。これらもまさしく、批判精神旺盛で、細かいことにこだわる熱い記者魂の持ち主たる批評家の仕事に他ならない。

先日、今流行りのマレ地区ヴィエイユ・デュ・タンプル通りにある**グル**で昼食をとったところ、時代の趨勢のビオだのエコだの、ボボ[*1]であることにかこつけて、出てきたのはなるほど上質で有機な食材ばかり。しかし、まったくひねりのない調理で、それが正しいのかも気にせず、また清廉さにも欠けた料理が供されたのだった。

まず、レンズ豆のヴルーテ「田舎風ベーコンの泡と共に」。クリーム以外、他に何の味もしない。コショウも塩も効いておらず、ラードの風味もない（メニュには「田舎風の美味しいスープ」とある——何を言ってやがる）。次に白マグロの薄切り（ユー島からのビンナガマグロ。「身体に害のないもの」との表示が）が、ガラスの容器に入ったクリームと共に冷凍のまま供された（冗舌なメニュにはいつも「気前の良い」と書いてある）。さらに、「職人による手打ち麺」と記されたリガトーニ（ショートパスタの一種）のトリュフクリーム和えも忘れてはならない。茹で過ぎで、柔らかく、間の抜けた感じのパスタ。クリームがかかり過ぎで、でもトリュフはほとんど見当たらず……。

そうだ。アボカド入りカニの「ミル＝フィーユ」を忘れていた。ミルフィーユとは名ばかりで、皿から皿へと使いまわされたサラダの悲惨な葉っぱではないか。さらに、テーブルを縦横無尽に行き交うサーヴィスの女性ときたら、ほとんど注文を気にかけず、十分以上前に頼んだコーヒーを持ってくるのを忘れるし、それを指摘するとヒステリーを起こす始末（「なんで、あなた急いでいるの？」、と）。チーズケーキはポーションが控え目で、少々見栄えが悪く、貧相にさえ感じられた。要するに、まさしくここが流行の場所であるからこそ、私はあえてしつこく言うのであり、流行という大きな風に逆らって進むことを恐れることはないのである。

批評家の仕事って何？　それについて、人が何と言おうと知ったことではない。料理はちょっとゾッとするもので、ホールの従業員は大勢に従わずいないのも同然なのに、なぜ、店は客で溢れかえっているのだろう。それを知ろうとする自分に自問自答する。結局、人が食するものに本当に意味などあるのか。そう、自らに問いかける。

つまるところ、味も素っ気もないマクドナルドやバーガーキングはいつも満員御礼である。だからと言って、それで良い＝美味しいということになるのだろうか。その上、公衆とはまさしく、間違い、選挙の折に悪しき候補者に一票投じてしまう可能性のあるものである（ヒトラーは一九三三年、民主主義的にドイツの首相に選ばれはしなかっただろうか）。また、公衆はへぼ芝居に拍手喝采し、出来の悪い映画を笑って楽しむことがあり得る。味覚に関しても同様で、生乳から作られるマンステルやサン＝ネクテール・フェルミエより、ベビーベルやカプリス・デ・デューといった量産品の方を好むのが常である。

「悪魔は細部に宿る」。わがスイスの友人たちにはこのように言う習慣があるという。そして、こう付け加えるのが常である。曰く、「自らが何を知ろうとしているのか知りたいなら、何を見ようとしているのか見たいなら、自分が何を考えているのか考えるのはもっともなことであ

＊1　bobo. ブルジョワ・ボヘミアンの略。教養があり、本物志向、創造的なものを重んじる、不自由なく自由に生きる人々のこと。一九九九年に生まれた言葉。

る」、と。このスイスのヴォー州の人々の智慧を私が自らのため用いることをお許しいただきたい。

つまり、悪魔は実際、至る所に身を潜めていると信じること。そう、流行りの装飾に、レストランのメニュの行間に、流行の善良なる意図の背後に。流行とはある料理を通り過ぎたかと思うと再び舞い戻り、その際にはすでにジャンルを変える用意ができているもの。それに対し、物事をきちんと正すこと、これが美味であるとその意義を直接示すこと、はったり、うわべの煌びやかさ、分子料理から逃れること。

要するに、物事の真実に立ち戻ること。そして何より、自らの批評を十全に表す術を知ること。相応しい語、正確な形容詞、明確な注記、的確な動詞、生き生きとした表現を常に探し求めてこそ、それは可能となろう。そして、これこそが批評の役割の真の意義に他ならない。

もちろん、唯一の真理のみが存在するわけではない。しかし、それは真理の在り方が唯一ではないということである。真理とはヴィシュヌ神の腕のように多様で、いくつものやり方で具現化する。多くの色、多くの宗教が実際この世に存在しているように。そこで、批評家たる者、中道を試みるべきである。あらゆる点で過剰には激しく抵抗し、自らの感動、喜び、失望、ちょっとした災難、少々の不愉快さについて語る。そして、そのようなことから、皆のため、それぞれの人のための教訓を引き出す。

ただし、批評家は自らが教えを垂れる者などとはこれっぽっちも自任していない。というのも、批評家は料理ができる訳ではないからだ。批評家が知り得るのは自らが判断する事柄、すなわち、美味しいもの、偉大なあるいはたいしたことのないシェフのことのみである。「批評家とは、優れた演奏を評価できるが、楽器を演奏できるわけではない」。神童の誉れ高き世界的ヴァイオリニスト、ユーディ・メニューヒン（1916－99）のこの言葉には幾分かの真理があることは確かである。ある時、ポール・ボキューズは勘定書の代わりに、メニューヒンのこの言葉を私に洩らしたことがある。それでも、批評家とは他の人々のために真理を見つけ出そうとする者に他ならない。しかもとりわけ、的確な言葉を用いて。

私のまわりで流行のこれこれの店について語られると、その店が「最低」なのか「最高」なのか、思わず耳を傾けてしまう自分がいる。真理はもちろん、別の所にあるのだが。思わず肩をすくめてしまうようなことを言葉で表す。ある判断を定式化するのを手伝う。誰もがそう思い、そう考え、そう感じ取り、それを表現したいと思うことを明確な言葉で言い表す。これこそまさしく、美食批評家の役目である。

読者の食欲をそそること。これもまた、その役割の一つと言えよう。読者に無駄な時間の喪失を避けるよう、提言すること。さらに何より、読者がいつか出かけることになるであろうレストランについてすべてを知るよう、美食批評家は進言するのである。

22

意味あるもののみが美味しい

もったいぶった気取り、軽薄さ、無駄な装飾。これらを追い詰めること。それが私の仕事の大部分。「優れた＝美味しい料理＝皿」を判定する。これも私の役目。

良くできた皿は一目見てわかる。あらゆる意味でサラダと呼べる料理の香草やら葉っぱの切れ端、スティック状の野菜、何にでも通用するセルフィーユやディルのかけらなどが慎重に避けられているからだ。これらの香草は料理を画一化してしまう。こうした私の役割は「状況判断の誤りを正す＝照準を修正すること」と呼ばれている。つまり、よりはっきり見える＝わかるよう手助けすることに他ならない。

美味しく＝良く、正しく、適切な料理＝皿を判別するための原則。それは意味あるもののみが美味しいというものであり、常に自分にそう言い聞かせている。そして、シェフにあまりの過度、すなわち、「色香を添える」香草や香辛料の粉末、精彩を欠くムース状の泡といったものを避けるよう進言するのだ。それはシェフが料理を台無しにしたとは言わないまでも、余分なことをしたと思われないようにするためである。……正義感を気取るのではなく、良識ある審判、変化を敏感に察知するバロメーター、出されたものを美味か否か判定し、そうすることで理性の人であることを自任する者を演じること。

言い換えれば、気取りこそが敵なのだ。それでも批評家が正義の味方だとするなら、無自覚の——あるいは自覚しているかもしれない——怪傑ゾロのような者、最初、料理人を厳しく叱責し、苦しめるのをためらわない正義の味方であろう。というのも、それはその料理人がよりよい新局面を迎えるのを手助けするために他ならないから。そしてシェフに、自ら手本となることを覚悟のうえで、自身の料理、コミ（助手）への指導において、「最良は良きものの敵（最良を求めすぎると、今まであった良いものをすべて失う）」ということを、身をもって示すよう頼むのだ。要するに、理性的な批評家は単に幸せを与える者——幸せに貢献する者——ではなく、ことごとく悪しき料理人たちの邪魔をする者でもある。

それはやり過ぎるくらいやるべきである。私にはかつて厳しく批判したものの、後に希望に満ちて再びその店を訪れることになったシェフたちがいる。すぐに思い浮かぶのが、ヴェルサイユのジェラール・ヴィエ（1943－）である。長い間、無駄にリッチで、複雑かつ鈍重な料理が続いた。が後に、その皿は精彩を取り戻し、光輝き、明快で気品あふれるものとなった。バニュルス風味のブイヨンで茹でたフォワグラ、さらにじゃがいもの軽いムスリーヌにキャヴィアの載った「白の上に黒」という名の料理など、鮮度の良さ、美味しさ、本物の輝きをもつ料理が生み出されたのである。

さてと、以前厳しく批判したジル・グジョン（1961－）の、南仏オード県はフォンジョンクーズ村にある**ヴュー・ピュイ**に再び戦いを挑みに出かける準備は整った。まだ一つ星で二つ星かと期待されていた頃、さして美味しくもないサフラン入りアイスを添えたパサパサのカニグラタンを酷評したことがある。

しかし、好人物であるグジョンは批判に耐え、二つ星を獲得、ついに三つ星に輝いた。そして来月、約束通り、私は確かに彼のもとを再び訪れることになるだろう。今、店がどのような状態になっているか確認し、明白かつ必然的な進歩があるかどうか判定するために。そしておそらく、こう独り言を言うに違いない。私の批判は功を奏したな、と。

われわれがここにいるのは、荒野に向かって叫ぶためではない。一つ星から三つ星まですべての星を制覇してくれるであろう若きシェフを守る唯一の者であるためである。私の念頭には、いまだ世に知られていなかったジョルジュ・フレグが思い浮かぶ。アルザスの北の端の端、ドイツ国境オーベルスタンバックにある**ホテル・レストラン・アントン**のシェフである。この店は、ヴォージュ山脈をドイツ側のプファルツ地方とに分ける一連の城塞の麓にある。それはまた、コルビエールに孤立するあのジル・グジョンとほとんど同様である。

フレグの料理に私は驚嘆した。見事なヒメジとルッコラのタルト、エシャロットのコンフィとニジマスを具に入れたシュニーダーシュペートル（有名な「仕立て屋のパスタ」）、すずきのセージ風味ジュ・ド・ヴォーソース、ジューシーな小鳩、ドライフルーツ入りパスティーヤ風ガレット、とりわけルバーブのジャム入りクレーム・ブリュレは絶品で、思わず地面を転げまわってしまわんがばかりのものがある。それなのに、ミシュランは彼のことを無視し、星を付け忘れている……。

公正さに欠け、忘れているに違いないという思い、さらには、他のものを見分ける能力の欠如。フレグに対するこうした仕打ちがわれわれを怒らせるのだ。気取りや愚かしさに神経を逆なでられ、苛立ち、それを批判し、一刀両断する者。美食批評家とは間違いなくそのような者であり、飴と鞭のペン先を走らせるのである。そして、批評家たるもの、ブリヤ＝サヴァランのあの言葉を覚えていて当然である。そう、「人類の幸福にとっては、星よりも新しい料理一皿の発見の方が有益である」。しかし、美食批評家は新しさを好み、一方、賢明で曇りなき創造性はそのような批評家を必要としているとすれば、批評家は以前から知っていることを、軽妙かつ現代的なやり方で喜んで再発見しようとするだろう。
「昨日の味覚と今日の技」。これは定理、公理であり、良き箴言である。ちなみに、こう述べたのはジャック・シボワ（1952－）。コート・ダジュールのイタリアに近い都市グラースにある**ラ・バスティード・サン＝タントワンヌ**の偉大なシェフである。彼はある時、意義深く、良識的な現代料理をこう私に定義してみせた。

フランス中部内陸の丘陵地《コート》であるリモージュ生まれのジャックは、コート・ダジュール（紺碧海岸）、すなわち、プロヴァンスに完全に帰属することによって、オリーブオイルと旬のトリュフとを熟練の手さばきで組み合わせることに成功した。その機転の利いた軽妙さ、上質さ。そこにこそ、私は心奪われ、驚かされ、感動させられたのだった。

食に何かを見つけた時、さらにはあらゆる食事に感得されるもの。それは、束の間の幸福、突然のあるいは持続的な心動かされる思い、そして、心穏やかに平静さを取り戻すこと。そして、これらこそ、私を駆り立てるものであり、私のことを信用し、私の言うことに従って下さる読者の方たちと一刻も早く分かち合いたいと願うことに他ならない。

至福を与える者、感動を分かち合う者。グルメ記者とはそのような者であり、実は、批判する術を知り、それを行う辛辣な批評家もまた、同様の者なのである。まったくもって、その違いは、グルメ記者が主として行う褒めることと批評家が行う批判との配分にあるのだろうか。それはバランスの問題でしかないのか。多分、そうであろう。そして、もうおわかりの通り、このことこそ、私がこの小さな本を通して皆さんに理解していただきたかったことなのだ。

私はあなたに、ある物語＝歴史、それは他ならぬ私による物語を語ろうと思う。しかし、グリモ・ド・ラ・レニエールと彼の追従者たち以来、他の物語の歴史があることを忘れてはならない。私は自分の希望と疑念をあなたと分かち合い、私の使命とは何かを見て、考えてもらう機会を作りたかったのだ。

それは目立つことのない無私の使命である。しかし、無益な仕事では決してない。ある種の趣味に世俗の使徒となるほど熱狂すること。すなわち、何よりもまずとりわけ、他の人々と同じ一人の客であろうとする食通／食道楽を擁護しようとの高潔かつ義務的な行為。こうして、美食批評家は現代の十字軍のごとき者と言えるのである。

ここまで、私を信用してついて来てくだったことに感謝します。それは、他の多くの感動の土地・土壌である、知的で人間的な食通のさらなる大航海、冒険旅行への道を、私と共に歩み続けていただくために他なりません。

23 格付けの専門家

前章で、良き批評のための、このささやかなる手引きを終えたと思っていたのだが、私は気づいた。最近、ユネスコによって、「人類の世界遺産としてのフランス料理」が登録（格付け）されたことについて一言も触れていなかった、と。このことについて、フランスのジャーナリストたちはただただ喜ぶばかり。晴れやかに心から、「けっこう、けっこう、コケコッコー」とさえ雄叫びをあげる始末。

なんだって、イタリア料理を押しのけてだって。[*1] ピザや見事な手打ちあるいは機械製のパスタが世界中を席巻しているというのに。しかも、まだまだあるではないか。

実に素晴らしいオリーブオイル、絶妙なリゾット（ヴィアローネ・ナノ、カルネロリ、アルボリオといった種類の米から作る)。カンパーニア州南西部の水牛のモツァレラ。カステルッチョのレンズ豆、アルバの白トリュフ、ノルチェの黒トリュフ、プーリア州の小ぶりのトマト。

さらに、生乳から作られるとても多くの種類のチーズ(タレッジョ、ゴルゴンゾーラ、パルミジャーノ・レッジャーノなどなど……)、ピエモンテ州のファッソーネ仔牛、ペルージャのソーセージ(サルシッチョ)。また、焼き菓子と型に入れて焼かれたパンの数々(トスカーナのカントゥチーニ、ロンバルディア州マントヴァのスブリゾローナ、同じロンバルディア州ミラノのパネトーネ)、さらにロンバルディア州クレモナ県の果物のマスタード風味シロップ漬け(モスターダ)などなど。イタリアは、わがフランスより多くのAOCを有しているというのに。抗議してしかるべきなのでは。

わが熱愛する隣国であり、友好国であるイタリア。ただし、フランス人の方がちょっぴり食通かもしれないが(ジャン・コクトー〔1889－1963〕は「イタリア人はご機嫌なフランス人みたいなもの」と言っていなかっただろうか)。そんなイタリアの食べ物を挙げてみた。

＊1 イタリア料理は、フランス料理と同じ二〇一〇年に、単独の登録ではなく、「地中海料理」としてスペイン、ギリシア、モロッコの料理と一緒に登録された。さらに二〇一三年、クロアチア、ポルトガル、キプロスが追加され、計七カ国で登録されている。

とすれば、中華料理や日本料理の作り方や伝統について言及しない訳にはいかないだろう。いや、スペインも（パエリアは「地中海料理」として世界遺産に登録されている）、さらにギリシア（クレタ島食事療法が登録）、モロッコ（ブリーク、パスティラ、クスクス、タジン、われわれは皆、それらを好んで食している）、そしてレバノンも（ああ、豪華なメゼ）。

フランスの批評家たる者、世界に目を向けるのは当然である。そしてそれはまた、細かく章立てられ、しかも偏りのあるこの小著における私の批評家としての目的の一つに他ならない。しかしまた、三つの国（ドイツ、ベルギー、ルクセンブルク）の国境と交わる地アルザスに生まれた本書の著者がヨーロッパへの回帰を行ったとしても、それは必然と言えるのではないか。

そう、少なくとも祖父母の一人を同じくするわれわれの本いとこと言えるドイツ中南部のザールラント、シュヴァルツ・ヴァルト、ライン渓谷、アルデンヌ地方、豊かなるフランドル地方、スイス等々の地域。さらに、ロンドン、ミラノ、サン＝セバスチャン、ダブリン、ローザンヌ、マーストリヒトといった都市。これらヨーロッパ各地には、上質のレストラン、素晴らしい食べ物、形の定まった伝統料理のレシピ、新しい味覚そして変わらぬ味のチャンピオンが存在することをこの本の著者はよく心得ている。

バーゼルに昔からある店が刷新した**レストラン・シュトゥキ**、ローザンヌ近郊クリシエには**ジラルデ**、イタリアにはナディア・サンティーニがいる（**ダル・ペスカトーレ**の女性シェフ）、ルクセンブルク渓谷にある**レストラン・モスコーニ**、スペインのバスク地方のラサルテ＝オリアにはマルティン・ベラサラギ（1960－）が。ベルギーのクライスハウテムのピーター・ゴーセンス（1964－）などなど。

要するに、この私はフランス料理が上質な世界遺産に登録されることに、もろ手を挙げて賛同している。しかし一方で、フランスの有能なロビー活動によって、美食に関して他の場所で行われていることを明らかに忘れてしまっているユネスコの職員たちを嘲笑してもいるのである。

それにしても、聡明な目を持ち続ける術を知っていながら――少々しかも自嘲しつつも――自画自賛ではないかって。われわれ批評家にとって好都合なこうした格付けを横目で笑いながら、人々は称賛の拍手を送る。しかし、それと同時にこうも尋ねることだろう。

美食批評というわれわれの仕事、危機に瀕した傑作群、この専門職はあまり尊敬されておらず、しばしば冷やかされ、ずいぶんと非難され、その当事者によってさえまともに受け取られていないことも。しかし、そうした批評家という在り方もまた、味覚につかえる一種の聖なる使命を司る者として自らもまた格付けされねばならないのではないか、と。

結局のところ、美食批評は脆くもあれば堅固なものでもあり、明晰・精確でありながら熱いものが感じられ、そしてもちろん、永遠のものに他ならない。

訳者あとがき

本書は、Gilles PUDLOWSKI, 2011, Dites-nous, Gilles Pudlowski, À quoi sert vraiment un critique gastronomique?, Paris : Armand Colinの全訳です。

著者のジル・ピュドロフスキは、一九五〇年、アルザス＝ロレーヌ地方モーゼル県メス市生まれ。パリ政治学院を卒業後、ジャーナリズムの世界へ。『ゴー＝ミヨ』で有名なクリスチャン・ミヨのもとで研鑽を積み、美食批評家として独立。一九九〇年から毎年、パリのレストラン格付け本『ピュドロ・パリ』を発行。中央の有名媒体のほか、地元アルザス＝ロレーヌの地方紙への寄稿や『ピュドロ』地方版、フランス版も手がける。また、ブログ『皿の上の料理の中の脚』は好評で、フランスを代表する美食批評家として活躍している人物です。

本書をお読みに、いや、手にとられた方はすぐに気づかれると思うのですが、訳者がcritique gastronomiqueを「美食批評（家）」と訳しているのは、日本では通常「料理評論（家）」のことではないか、と。そのとおりです。訳者はあえて「美食批評（家）」と訳しました。つまり、「料理評論（家）」はピュドロフスキの言う「美食批評（家）」とは別物なのです。

事は若干複雑で、ピュドロフスキも「美食批評」をほかのグルメに関する事柄から明確に区別し、その混同を正そうとしています。この際のポイントは「料理」ではなく「美食」、「評論」ではなく「批評」という二点です。

まず、「美食」とは何か。日本の場合、なぜか「料理」という言い方が一般的になっていますが、美食は料理だけのことではありません。

訳者は、フランス料理における「レストランの正三角形」と称して、料理とワインそしてサーヴィスが等しくバランスをとって優れていることが美食として評価すべき姿であり、料理を過大評価する傾向を批判してまいりました。

たとえば、『ミシュラン』日本版が登場した二〇〇八年、訳者は『日刊ゲンダイ』紙の「ランチで使えるミシュラン」という連載でフレンチを中心にして西洋料理の星付きの店を十軒ほど記者と食べに行き、記事にしました。その際、出来たばかりの丸の内のビル内のレストランに行った際のこと。料理は問題なく、内装もまあまあだったのですが、トイレに行こうと尋ねると店の外である、というではありませんか。重い店の扉を開けると、レストランフロアに出て、ランチの時刻ですから大勢の人が行き来し、いろいろな匂いがして参ります。正直、興醒めでした。実際、以前は『ミシュラン』の覆面調査員がまずトイレをチェックするというのは有名な話でした。

つまり、日本の『ミシュラン』はまさに「料理」中心と言ってよいでしょう。まあ、『ミシュラン』全体がグローバル化を推し進めたジャン＝リュック・ナレの時代からそのような傾向にあるのは本書でも指摘されています。それが証拠に、朝早く整理券をもらって、指定の時間に再び店にやって来て、十分やそこらで食べ終わるラーメン店が星をとるのというのは「美食」という観点からはあり得ないことだからです。

次に、問題は「評論（家）」でなく「批評（家）」とは何か。「評論（家）」というと日本の場合、どうしてもその業界の代弁者、あまり悪く言わないというイメージがありますが、ピュドロフスキは批判をしていきます。その批判という意味合いを忘れないように「批評」と訳した次第です。

さらに、ピュドロフスキ的な立場からすると「美食批評」とは「格付け」することと言えましょう。そして、とりわけ第十五章でピュドロフスキが批判するのは、ブリヤ＝サヴァランが高く評価されているのに対し、グリモ・ド・ラ・レニエールが過小評価されていることです。『美味礼讃（味覚の生理学）』は「グルメ文学」であって、「美食批評」ではない。それが証拠に、ブリヤ＝サヴァランは『美味礼讃』以外に何の本も書いておらず、しかも、人々が言及するのは「教授の二十のアフォリズム」だけで、本文に多くを学んでいる者などいないと厳しいのです。それに引き換え、レニエールの『食通年鑑』は『ミシュラン』を先取りし、店の「格付け」を行っているだけでなく、改善点なども指摘している、と。

さらに、ピュドロフスキはミシュランの「覆面調査員」も格付けはしているものの、「美食批評家」ではないと論じています。それは、文章を書かないからだ、と。しかも、その文章はブリヤ＝サヴァランのようなグルメエッセーといった印象批評ではなく、客観的な評価でなくてはならない。『新約聖書』に「はじめに言葉ありき」と訳されている一節があります。この言葉というのはギリシア語で「ロゴス」、つまり、論理（ロジック）の語源でもあるのです。理路整然と食に関して語ること、それこそが「美食批評」にほかなりません。

また、ピュドロフスキは「あなたのために」食べるのが「批評家」だと言います。「常軌を逸した者の仕事」とまで言うその在り方は、業界人ではなく、あくまで「客」、消費者のため、お金を払う側の立場に常に立って「評価」するということです。

それはまた、一時話題になった「ジバラン」（自費で食して忌憚ない意見を言う人）と呼ばれる「美食家」の方々とも違っています。もちろん、彼ら／彼女らの「忌憚のない意見」は耳を傾けるものでありましょうし、有意義であること間違いありません。これはホテルで「お客様の声」をお聞かせくださいと部屋に専用の封筒が置いてあったり、スーパーに投書箱があるのと同じことです。そして、その中に有意義な意見もあるでしょう。なぜなら、ジバランとはその名のとおり、「自腹」、「自分のため」に食事し、それが払うに見合っていたかを評価しているからです。

しかし、それは「主観的」であるがゆえに、一つ間違うととんでもない誤解を招きかねません。たとえば、こんなことがありました。「食べログ」で、ある星付きのフレンチが「サーヴィスがテキパキ動き活気があってよい」と書かれていました。その店に行く機会があったのですが、何のことはない、サーヴィスが一人しかいないのでテンテコ舞いなだけでした。有料の水のコップは空になっても補給されず、トイレのお手拭きは空になったまま。もう、惨憺たるものです。料理は優れたものがあるだけにもったいない。これはソムリエにも問題があるのですが。自腹でそう思ったのだから、その方には楽しい食事だったのでしょうが、正直、訳者にはガッカリな食事でした。

ピュドロフスキはレニエールの教えを忠実に守ろうとしています。彼のパリのレストラン格付け本『ピュドロ・パリ』は、『ミシュラン』の星に当たる皿で評価するのですが、ほかの格付け本と異なり、唯一マイナス評価の印、「皿が割れるマーク」が付されています。近年、その数は少なくなったものの以前は、あまったスペースにわざわざ皿の割れた店を揶揄するような短いフレーズを掲載していました。

しかし、本書でも言及されているように、元来、マイナスの評価は『ゴー＝ミヨ』で行われ、また、『ルベ』でもエッフェル塔がひっくり返るマークを用いて行われていたことがわかります。また、レニエールは『食通年鑑』でレストランだけではなく、パレ・ロワイヤルの食料品店**コルセレ**を絶賛するなど、食に関する全般に関し、批評を行っていました。**コルセレ**はその後、一九九三年に亡くなったポール・コルセレが一九八九年に店を閉じるまで、二百三十年ほど続く老舗でした。

そして、『ピュドロ・パリ』もまた、レストランだけでなく、格付けはないものの、パン屋（ブランジェ）、ワイン屋（キャヴィスト）、チーズ屋（フロマジェ）などの食料品店、また、カフェやバーなどの情報をセレクトして掲載しています。これもまた、『ゴー＝ミヨ』に見られたことでしたが、パリに関しては『ピュドロ』のみが一貫して掲載し続けています。

ここで、ピュドロフスキの美食批評がフランス料理の歴史の中でどのように位置づけられ得るか、素描しておきましょう。

現在のフランス料理の始まりは、フランス革命による民主化に遡ることができましょう。それまで王侯貴族のお抱えだった料理人たちが雇い主を失い、街に出てレストランやカフェなど飲食業を営むことで生計を立てねばならなくなったのです。この十九世紀初頭を代表する料理人がアントナン・カレーム（1783－1833）であり、グリモ・ド・ラ・レニエール（1758－1837）、ブリヤ＝サヴァラン（1755－1826）もこの時代を生きた人々でした。フランス料理は特権階級のものではなく、フランス国民の料理となったのです。

そして、産業革命が進行し、鉄道、自動車と交通手段も発達し、国際化が進みます。そして、二十世紀に入るころ、これまでの古典料理の再構築に取り組み、時代の科学主義に従って、調理科学の整理と体系化を図ったのがオーギュスト・エスコフィエ（1846－1935）でした。エスコフィエはロンドンの**サヴォイ**、**カールトン**、ローマの**グランド・ホテル**、パリの**リッツ**とホテルでその才能を発揮しました。ここにフランス料理はほかの各国料理の中に位置づけられ（国際化）、その普遍性から世界三大料理の一つに数えられるようになったのです。これは時代的にも、近代建築がル＝コルビュジエの「国際様式（ドミノ）」によって確立されたのに比肩するといえましょう。一九〇〇年には『ミシュラン』が刊行され、美食に関しても食通のプリンスこと、キュルノンスキ（1872－1956）のような大家が登場します。

しかし、第二次世界大戦後、ホテルのフランス料理に代表される重厚で前世紀のブルジョワ趣味が色濃く残る料理に対し、時代にそぐわないものを感じたのが、ピュドロフスキの師であるクリスチャン・ミヨ（1928－2017）とアンリ・ゴー（1929－2000）で、二人は一九七二年に『ゴー＝ミヨ』ガイドを公刊すると、翌一九七三年にマニフェスト「ヌーヴェル・キュイジーヌの十戒」を発表。ここに正統的な『ミシュラン』とは一線を画す新たなフランス料理を推奨する動きが明白になったのです。

重いソース、カロリー過多を避け、食餌療法に配慮する。進取の精神に富んだものであるのと同時に、「新鮮で品質の良い食材を使う」などいわば「地産地消」といった考えもそこには垣間見られます。実際、ヌーヴェル・キュイジーヌの「皇帝」ポール・ボキューズ（1926－2018）が唱えたのは「市場の料理」であり、普遍化したフランス料理に対し、地方の伝統料理を現代化した形で生かすといった方向性をも持ち合わせることを見落としてはいけないでしょう。

ボキューズが新しいフランス料理の親善大使として世界中を飛び回ったとしたら、ジョエル・ロビュション（1945－2018）は「キュイジーヌ・モデルヌ」の「教皇」として、現代フランス料理の国際化を図ったといえるでしょう。日本贔屓だったロビュションが寿司のカウンターにヒントを得て、アトリエと名付けたカウンタースタイルのグラン・メゾンを始めたり、くしくも最後の仕事となったのがパリに日本酒の獺祭とコラボした店を開店したことからも明白なように、その柔軟な発想で世界中に展開していったのです（亡くなったのは、スイスでの開店準備のさなかだったとか）。

では、最新の動きはどうかと言えば、それはフランスからの脱中心化とでも言えましょうか。その発端はスペインの**エル・ブジ**におけるフェラン・アドリア（1962－）の「分子料理」に代表される実験室から生まれる料理たちと言えましょう。科学的知見を活かし、五感に訴える料理はイギリスの**ファット・ダック**のヘストン・ブルメンタール（1966－）などに顕著です。魚料理には波の音を効果音として流し、室内の照明を海の青色に変えるなどなど。

食事の構成はそれまでの一皿完結主義、アラカルトで、前菜、メイン、デセールの三皿を選択するスタイルで構成されていたものが、小さなポーションで十数皿が「シェフのお任せ」で一種類のみ提供されるものに。その代表格がパリ十六区にある**アストランス**のパスカル・バルボ（1972－）です。

そこで、ピュドロフスキの立場と言えば、後述のジャン＝ピエール・プーラン／エドモン・ネランク『フランス料理の歴史』に従えば、「ヌーヴェル・キュイジーヌ・ド・テロワール」を提唱するグループに分類されています。これは、「地方料理と民衆料理」の要素を見直し、「芸術的料理のインスピレーションの源」とすることで新しいフランス料理の創造性を追求する方向性と言えましょう。これにはピュドロフスキがアルザス出身で、本書からもうかがえる郷土への愛が関係しているに違いありません。

したがって、**エル・ブジ**をフランスに最初に紹介したと豪語しながら、「分子料理」に関してはきわめて懐疑的で、**アストランス**の長々と続くデギュスタシオンを美味しいと褒めつつ、決してそれが最良、正解であるとは断定しないある種の「留保性」が見て取れます。これらは、「最高の」、「〜一の」、「極めつけ」、「至高の」、「究極の」といった「食べログ」などの常套表現とは一線を画するもので、これこそが「批評」としての公平性であるといえましょう。

実は訳者、『ピュドロ・パリ』の愛読者なのです。というか、正確に言えば、パリのレストラン格付け本、『ミシュラン』、『ゴー＝ミヨ』、『ルベ』（ビストロに特化した『ビストロ・ルベ』と共に二種類）、そして『ピュドロ』を毎年買って比較して読むのがライフワークというか、気づくと二十年ほど続けております。

四種類の中でもやはり、皿の割れたマークが光る辛口の『ピュドロ』が一番共感できます。確かに、『ルベ』のエスプレッソやパンまで記号で評価し、店によってはお薦めのワインの銘柄、値段まで数点掲載しているのは魅力的です。しかし、逆に記号を最小限にし、文章で勝負するピュドロは潔いというか、本書でピュドロフスキが書くことにこだわるのが納得いく、また「批評」という観点からも評価できる姿勢だと訳者はリスペクトしています。

おそらく日本で『ピュドロ・パリ』を愛読している者の一人（そんな奇特な方がほかにもいらっしゃると信じて）であると自負する自分がピュドロフスキの初邦訳者の光栄に浴させていただき、ピュドロフスキが乗り移ったかのごとく、翻訳したつもりです。

こうした思いから、訳者がリスペクトするピュドロフスキの本邦初の翻訳を、しかも「美食批評」について論じた著作をできるかぎりご理解いただけるよう、当初、相当な分量の註や解説を加筆しました。登場するレストランの住所やシェフの名前、料理・フロマージュの説明など、さらにフランス語独特の表現の仕方等々。

しかし、本にするにあたって、あまりに煩雑で読みづらくなることが判明し、登場する人物の生業と生没年くらいを除いてほとんどの掲載を断念せざるを得ませんでした。今は

SNSが発達しておりますのでちょっと検索すれば、きっと説明にたどりつけるかと思います。しかし、あえてここで二冊だけ参考文献を挙げさせて下さい。

フランス料理の歴史については、ジャン＝ピエール・プーラン／エドモン・ネランク、山内秀文訳・解説『フランス料理の歴史』（角川ソフィア文庫、二〇一七年）

フランス料理のルセット（レシピ）などについては日仏料理協会編『フランス　食の事典』（白水社、二〇〇七年）です。

また、原書は二〇一一年に刊行されていますので、『ピュドロ・パリ』の二〇一二年版と現時点で最新の二〇一八年版（共にミシェル・ラフォン社）を比較参照して加筆を施しております。また、原書には誤植のほかに、ピュドロフスキの勘違いと思われる人名の綴りの間違いや店名の間違いなども散見されました（特に後半）。それらは上記『ピュドロ・パリ』をベースに複数のソースで確認し、訂正しております。

また、訳者は理事を務めております（一般社団法人）リーファーワイン協会のHPで「美食批評への誘い」という連載を行っております。翻訳のことにも触れておりますので、ご参照下されば幸いです。

リーファーワイン協会HP　http://reeferwine.org/

なお、何かご不明な点がおありでしたら、ＨＰのコンタクトフォームからお問い合わせいただければ、できるかぎりの回答はさせていただく所存です。まさにピュドロフウキにならって。

関修公式ＨＰ　https://osamu-seki.com/

本来であれば、一昨年には出るべき本翻訳が、このように日の目を見るのが遅くなってしまったことはひとえに訳者の非力に責があります。

痛恨だったのは、その間に、ピュドロフスキの師であるクリスチャン・ミヨ、ピュドロフスキと共に『ギッド・ルベ』で美食批評を牽引してきたクロード・ルベの両氏が二〇一七年に、さらに「ヌーヴェル・キュイジーヌの皇帝」ポール・ボキューズ、「キュイジーヌ・モデルヌの教皇」ジョエル・ロビュションの両シェフが二〇一八年に相次いで亡くなったことです。

本書はこれらの偉大なるフランス料理のシェフ、美食批評の立役者たちが健在だった時期に書かれています。だからと言って、本書が過去のものという訳ではありません。「批評文化」の育ちにくい環境にある日本において、少なくとも「美食」に関しては「開始」あるいは「再開」の書と言えるのではないでしょうか。

思えば、大学に入学した一九八〇年からフランス料理を食べ歩き、ワイン愛好家としても四半世紀を超えることになりました。これまで、訳者を支え続けて来てくださった方々に、一人一人お名前を挙げることは控えさせていただきますが、心からお礼申し上げます。例外的に一人、担当編集者の竹内将彦氏にはその名を挙げてお礼申し上げます。作業が遅れがちな訳者を辛抱強く励まし続けてくださったからこそ、ここにピュドロフスキの初邦訳が日の目を見ることになったのですから。

本書が「食」にとどまらず、「クリティーク（批評＝批判）」一般への良き導きの書となることを祈りつつ、あとがきの筆を置くことにしたいと思います。

二〇一九年　二月　　PANTA&HAL『1980X』を聴きながら

関　修

著者

ジル・ピュドロフスキ◎Gilles Pudlowski

一九五〇年、アルザス＝ロレーヌ地方モーゼル県メス市に生まれる。パリ政治学院を卒業後、ジャーナリズムの世界へ。『ゴー＝ミヨ』で有名なクリスチャン・ミヨのもとで研鑽を積み、美食批評家として独立。一九九〇年から毎年、パリのレストラン格付け本『ピュドロ・パリ』を発行。中央の有名媒体の他、地元アルザス＝ロレーヌの地方紙への寄稿や『ピュドロ』地方版、フランス版も手がける。また、ブログ『皿の上の料理の中の脚』は好評で、フランスを代表する美食批評家として活躍。

訳者

関 修◎せき・おさむ

一九六一年、東京生まれ。東洋大学大学院文学研究科哲学専攻博士後期課程単位修得退学。東洋大学文学部哲学科助手を経て、現在、明治大学、東京交通短期大学非常勤講師。専攻はフランス現代思想、文化論。（一社）リーファーワイン協会理事。

著書に『美男論序説』（夏目書房）、『隣の嵐くん』（サイゾー）など、翻訳にオッカンガム『ホモセクシュアルな欲望』（学陽書房）、オクサラ『フーコーをどう読むか』（新泉社）など。

関修公式HP　https://osamu-seki.com/

カバー絵、扉挿画——たつみなつこ
ブックデザイン——堀渕伸治◎tee graphics

ピュドロさん、美食批評家は いっぱい何の役に立つんですか？